Ils animent les fresqu[...]
du Triclinium à [...]
Au début du Vᵉ sièc[...]
ces peintures, tout en montrant
les rites funéraires, illustrent surtout
le mode de vie et la richesse
de la classe dominante.

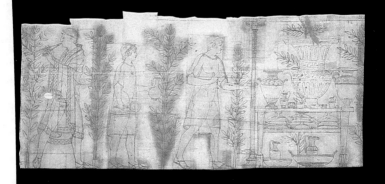

Grâce à des artistes archéologues
comme Carlo Ruspi, auteur de ces calques
dans les années 1830,
nous gardons une image
de nombreuses fresques funéraires,
qui se sont écaillées depuis ;
parfois jusqu'à s'effacer à jamais.

i Capelli più neri

i Contorni Rossi [p]ma d' Torchino

Smalto

T[...] chiar[...]o

Terra Rossa

il Contorno
giallo

Jean-Paul Thuillier
est professeur à
l'université Stendhal
de Grenoble,
et directeur de la
recherche et des études
à l'Ecole normale
supérieure à Paris,
dont il a été l'élève.
Agrégé de lettres
classiques,
étruscologue et
historien du sport,
il a publié en 1985 une
thèse de doctorat d'Etat
sur les «Jeux
athlétiques dans la
civilisation étrusque».
Son activité
archéologique l'a
conduit sur des
chantiers de fouilles
en Algérie (Tipasa),
en Tunisie (Haïdra,
Carthage) et en Italie
(à Rome même et en
Etrurie). Il est membre
de l'Institut d'études
étrusques et italiques
de Florence.

*1er dépôt légal: septembre 1990
Dépôt légal: novembre 1997
Numéro d'édition: 84677
ISBN: 2-07-053026-4
Imprimé en Italie
par Editoriale Libraria*

LES ÉTRUSQUES :
LA FIN D'UN MYSTÈRE ?

Jean-Paul Thuillier

DÉCOUVERTES GALLIMARD
ARCHÉOLOGIE

Quand la Renaissance florentine redécouvre les Etrusques au XVe siècle, elle fait d'eux les ancêtres des Toscans. Aussitôt se crée le mythe étrusque et on discute à perte de vue sur les origines et la langue de ce peuple. Même, si l'on est passé de l'étruscomanie à l'étruscologie, les historiens et les archéologues d'aujourd'hui ont encore bien du mal à faire admettre que cette civilisation n'est pas mystérieuse.

CHAPITRE PREMIER
DE L'ÉTRUSCOMANIE
À L'ÉTRUSCOLOGIE

Au XVIIIe siècle, les fouilles se multiplient en Etrurie, dans la fièvre, mais sans grande rigueur scientifique. On ne distingue pas toujours avec précision ce qui est vraiment étrusque de ce qui est grec ou romain : la céramique peinte en est un exemple.

Les Etrusques (en latin, *Tusci*) ont bien légué leur nom à la Toscane. Cette région ne correspond pas exactement à l'antique Etrurie, plus vaste puisqu'elle recouvrait aussi une partie du Latium (la rive droite du Tibre était, à Rome, la *ripa etrusca*) et de l'Ombrie. Et encore ne s'agit-il là que de l'Etrurie tyrrhénienne proprement dite (de *Tyrrhenoi*, Etrusques en grec, cette fois) : la civilisation étrusque s'est étendue en effet, vers le nord, à une grande partie de la plaine du Pô (Bologne, Mantoue, Spina) et vers le sud à certaines zones de la Campanie (Pompéi, Capoue, Pontecagnano).

Même si toutes les civilisations sont mortelles, il n'est pas toujours aisé de déterminer le moment de leur fin. Les Etrusques étaient eux-mêmes persuadés que leur monde aurait une fin inéluctable : dans les livres sacrés qui forment la *disciplina etrusca*, ce peuple, religieux entre tous, a élaboré une doctrine selon laquelle l'Etrurie devait avoir une durée de dix siècles, chaque passage d'un siècle à l'autre étant marqué par un événement extraordinaire.

A l'époque augustéenne, on serait entré, selon les haruspices maîtres ès divinations, dans le dixième et dernier «siècle». La fin de l'Etrurie aurait donc été approximativement fixée au milieu du Iᵉʳ siècle de notre ère.

Mais il est logique de situer la mort de cette première civilisation née sur le sol de l'Italie aux années 265-264 avant J.-C. Cette date sonne en effet le glas de l'indépendance étrusque : la dernière cité encore libre d'Etrurie, Volsinies, l'actuelle Orvieto, tombe sous les coups de l'armée romaine de Marcus Fulvius Flaccus. Ce n'est pas une cité toscane parmi d'autres qui meurt mais la capitale politico-religieuse de l'Etrurie, la «Delphes étrusque».

Mourir, mais de mort lente...

Pourtant si l'Etrurie a perdu son indépendance, la civilisation étrusque n'est pas morte pour autant. De nombreuses productions artistiques, du IIIᵉ au Iᵉʳ siècle, en témoignent. La langue étrusque continue à être parlée, écrite, comprise. Le latin ne la remplace que très progressivement. Les dernières épitaphes rédigées en étrusque datent des années 50 de notre ère. Fin de la langue étrusque dans les inscriptions, dernier siècle de la «nation» étrusque d'après les haruspices : les deux choses sont à peu près concordantes et nous pourrions nous en tenir là... si cette date ne correspondait en fait à ce qu'il faut

Sur ce miroir gravé de Vulci, l'haruspice ailé qui examine les entrailles d'un animal sacrifié s'appelle Chalcas, comme l'indique le mot inscrit devant lui : c'est le nom du devin homérique.
La mythologie grecque est partout présente en Etrurie, même dans une scène au cachet nettement local.

bien appeler le premier *revival* de l'Etrurie.

Avec les règnes d'Auguste et de Claude se produit une sorte de reconstruction archéologique de la ligue étrusque : au moment où Rome va unifier l'Italie d'un point de vue administratif, elle rappelle le précédent étrusque. Les inscriptions nous font connaître des «préteurs et des édiles d'Etrurie» – parmi lesquels figurera l'empereur Hadrien lui-même – comme il existait auparavant un magistrat fédéral supérieur qui portait en étrusque le titre de *zilath mechl rasnal*.

D'autres documents contemporains viennent confirmer cette première renaissance de l'Etrurie : tel ce bas-relief de marbre fragmentaire, trouvé à Cerveteri, qu'on a pris l'habitude d'appeler le trône de Claude. Rédigés en latin, les documents épigraphiques qu'on nomme les *Elogia* de Tarquinia illustrent la persistance, dans de grandes familles de souche étrusque, comme les Spurinna, de certaines traditions concernant la geste des grands hommes de la *gens* (aux Ve et IVe siècles). D'autres statues – celle de Tarchon lui-même, fondateur de l'Etrurie aux douze cités –, d'autres inscriptions – celles des haruspices les plus célèbres – montrent encore à ce moment à tous les Tarquiniens la grandeur mythique ou réelle de leur passé.

L'haruspicine est une technique divinatoire qui passait aux yeux des Romains pour typiquement étrusque. Mais comme elle est aussi attestée à Babylone, certains en tirent argument pour soutenir la thèse d'une origine orientale du peuple étrusque. Parmi les différents viscères, c'est le foie qui, à cette époque, était reconnu comme le plus important. Ce modèle de foie de mouton en bronze, trouvé près de Plaisance devait être utilisé dans les écoles d'haruspices : on peut y lire, gravés dans quarante cases, les noms de nombreuses divinités, comme Fufluns (le Dionysos étrusque) Uni (Héra) ou encore Tin (Zeus).

Claude, empereur et néanmoins étruscologue

Il n'est pas de meilleure illustration de cette renaissance de l'Etrurie que la figure de l'empereur Claude lui-même, que l'on peut considérer comme un des premiers étruscologues de l'Histoire. N'a-t-il pas, au dire de l'historien latin Suétone, rédigé une histoire des Etrusques en vingt livres? Bien que cet ouvrage soit perdu, une trace de cette vocation étruscologique subsiste. Dans son discours au Sénat, connu par cette magnifique inscription gravée sur bronze qu'est la Table claudienne de Lyon, Claude veut illustrer par des précédents historiques la politique d'ouverture qu'il compte mener à l'égard des notables de la Gaule ; pour lui, la grandeur de Rome vient entre autres de sa capacité d'assimilation, de sa volonté d'intégration des étrangers. Ainsi, parmi les rois de Rome – on est à l'aube de la puissance romaine –, n'y a-t-il pas eu des Sabins et même des Etrusques ? Et Claude de s'attarder sur le cas de Servius Tullius, sixième et avant-dernier roi de Rome qui, né latin selon les uns, est en fait d'origine étrusque si l'on suit les auteurs étrusques.

Sous l'empereur chrétien Constantin, on assiste encore à des jeux panétrusques

Dans la première moitié du Ier siècle de notre ère, l'Etrurie désormais romaine est politiquement et militairement morte. Elle connaît une seconde jeunesse par ses nouvelles – et anciennes ! – institutions et par l'intérêt – «rétro», a-t-on pu écrire – que lui portent nombre de hauts personnages liés à cette région. Cette renaissance ne sera pas un simple feu de paille : au IVe siècle de notre ère, sous le règne de Constantin, des jeux importants sont encore organisés à Bolsena, au bord du lac, là où les habitants de Volsinies ont été transférés après la prise et le démantèlement de la citadelle étrusque. On a parfois douté que ces jeux aient été les héritiers des cérémonies panétrusques du Fanum Voltumnae, le sanctuaire de Voltumna, dieu principal de la confédération étrusque : il y a bien eu continuité sur ce point aussi. La ligue étrusque et ses magistrats avaient essentiellement une fonction religieuse, l'organisation des jeux restait une des tâches les plus importantes comme elle l'était déjà au moment de l'indépendance. Même si on ne parle plus l'étrusque à Bolsena,

L'Arringatore lève le bras droit pour inviter la foule à faire silence et à écouter son discours. Une inscription gravée en étrusque sur le bas de la toge nous indique que cette statue a été dédiée à un certain Aule Meteli, notable de Pérouse ou de Cortone. Ce grand bronze date des années 100 avant notre ère : après l'octroi de la citoyenneté romaine à l'Etrurie, cette inscription officielle aurait été gravée en latin.

C'est en élevant les fortifications de la cité que la Chimère d'Arezzo a été mise au jour. Restaurée à plusieurs reprises, au XVIᵉ siècle, par Cellini, et au XIXᵉ siècle (avec des erreurs : le serpent ne devrait pas mordre la corne de la chèvre mais menacer l'adversaire), elle n'était sans doute pas isolée mais devait former un groupe avec Bellérophon monté sur Pégase. Le monstre porte sur la patte antérieure droite une inscription étrusque (*tinscvil*) qui le désigne comme ex-voto aristocratique : au XVIᵉ siècle, Giorgio Vasari (natif d'Arezzo), avouant qu'on ne comprenait pas encore la langue étrusque, supposait que ces lettres pouvaient indiquer le nom de l'artiste ou la date.

même si les spectacles ont changé – là comme ailleurs les combats de gladiateurs ont désormais la faveur de la foule – il subsiste, dans le cœur des spectateurs rassemblés, le sentiment d'appartenir à une grande communauté qui, quelque dix siècles auparavant, a dominé presque toute l'Italie.

La Chimère d'Arezzo et l'Arringatore, découvertes majeures du XVIᵉ siècle

Au XVᵉ siècle, après le long silence du Moyen Age, les Toscans redécouvrent les Etrusques. Les trouvailles se multiplient sur le sol de la Toscane et du Latium. Ainsi 1494 est-elle la date gravée par un visiteur dans la tombe dite de la Mula, près de Quinto Fiorentino – une tombe de la fin du VIIᵉ siècle avant J.-C., aujourd'hui utilisée comme cave… Au milieu du XVIᵉ siècle sont découverts deux des plus beaux bronzes étrusques que l'on connaisse, de nos jours conservés au Musée archéologique de Florence. En 1553, on tombe sur la Chimère d'Arezzo, un grand ex-voto du début du IVᵉ siècle avant J.-C. En 1566, est mise au jour, près du lac Trasimène, la statue de l'Arringatore, souvent prise comme exemple de l'orateur antique.

L'archéologie au secours du pouvoir

Cependant que ces chefs-d'œuvre vont grossir les collections des Médicis toujours avides d'antiquités – il faut ici souligner le rôle privilégié de Laurent le Magnifique et surtout de Côme Ier de Médicis –, des maîtres aussi prestigieux que Léonard de Vinci et Michel-Ange montrent que les œuvres étrusques jouent déjà un rôle certain dans l'histoire de l'art italien. Des peintures étrusques – celles de la tombe de l'Orco à Tarquinia qui date

de la fin du IVe siècle avant J.-C. – ont certainement inspiré Michel-Ange lorsqu'il dessine cette tête couverte d'une peau de loup, qui est celle d'Aita, l'Hadès des Enfers étrusques. Quant à Léonard, frappé par l'extraordinaire découverte en 1507 d'un très grand tumulus funéraire à Castellina in Chianti près de Sienne, il conçoit lui-même un projet de mausolée à plan symétrique.

Ainsi, à travers les découvertes archéologiques, les collections des princes, les emprunts des artistes et les premiers commentaires des érudits, le mythe étrusque est déjà formé au XVIe siècle et va conforter idéologiquement le grand-duché de Toscane, auquel il donne des origines antiques et glorieuses, cependant que le pouvoir pontifical cherche dans l'Empire romain sa propre justification.

Annio di Viterbo, moine et faussaire

La langue étrusque, par sa spécificité, constitue pendant longtemps un des piliers du mythe étrusque. Le moine dominicain Annio di Viterbo est le premier d'une longue lignée de déchiffreurs de cette langue, aussi intrépides que folkloriques. En 1498, il publie à Rome un «best-seller», où il réunit de nombreuses inscriptions étrusques : certaines lettres y sont déjà correctement interprétées; mais ses théories, somme toute banales pour l'époque, sur l'origine des Etrusques et le lien de leur langue avec l'hébreu

Les Médicis Laurent le Magnifique (à droite) et Côme Ier aiment à se croire les descendants des Etrusques : ainsi, ne dira-t-on pas que leur nom doit être rapproché du mot latin *meddix*, qui désignait un haut magistrat – à vrai dire campanien plutôt qu'étrusque? Pour construire ou décorer les palais et les villas des Médicis, divers artistes de la Renaissance s'inspirent des arts étrusques : c'est le cas, par exemple, de l'architecte Giuliano da Sangallo, l'auteur de la villa construite pour Laurent de Médicis à Poggio a Caiano, tout près de Florence. Ci-dessus, la tête d'Hadès dans la tombe de l'Orco à Tarquinia.

THOMÆ DEMPSTERI
DE
ETRURIA REGALI LIBRI VII.
NUNC PRIMUM EDITI
CURANTE
THOMA COKE
MAGNÆ BRITANNIÆ ARMIGERO
REGIÆ CELSITUDINI
COSMI III.
MAGNI DUCIS ETRURIÆ.

FLORENTIÆ. M.DCC.XXIII.

entraînent aussitôt l'auteur vers des interprétations délirantes. Il est vrai aussi qu'il traîne derrière lui une réputation – méritée – de faussaire et d'imposteur, n'hésitant pas à inventer des textes anciens et même à forger des inscriptions.

«De Etruria regali» : les débuts de l'étruscomanie

Rédigé entre 1616 et 1619, le livre de l'Ecossais Dempster, professeur de droit à l'université de Pise, est dédié à Côme II de Médicis qui l'a en quelque sorte commandité. Lors de leur publication un siècle plus tard, les deux volumes sont dédiés cette fois à Côme III et à son successeur Jean-Gaston de Médicis, au moment où la dynastie est en plein déclin : plus que jamais, il s'agit de renforcer les maîtres du grand-duché en insistant sur leurs prétendues origines étrusques. Plus que jamais, l'idéologie grand-ducale se nourrit du rapport avec l'antique Etrurie. L'ouvrage érudit et fort bien documenté de Dempster utilise toutes les sources littéraires anciennes pour brosser l'histoire et la civilisation des Etrusques. Il livre nombre de renseignements justes, mais il pèche par ses divagations fantaisistes et confuses sur les origines et la langue de ce peuple.

C'est grâce à un noble anglais, sir Thomas Coke, que le livre est finalement publié. Au cours de ce «grand tour» que tous les jeunes aristocrates anglais se doivent d'accomplir, Thomas Coke rapporte, selon l'usage, des œuvres

Cette statue de Volterra, du IIIe siècle avant notre ère, montre une femme tenant un bébé dans ses bras : c'est là un thème souvent illustré dans l'art étrusque de cette époque. A côté des images mythologiques, il y a aussi toutes les expressions de la piété populaire : ainsi, parmi les ex-voto de terre cuite, on voit beaucoup d'enfants langés qui traduisent des espoirs de fécondité.

d'art mais aussi des manuscrits parmi lesquels figure celui de Dempster. Le manuscrit est renvoyé à Florence et, grâce à l'argent de Coke, publié par Filippo Buonarotti qui ajoute des *explicationes* et des *conjecturae* et s'occupe aussi de la partie figurée – une centaine de planches confiées à des artistes de renom. La publication de cette œuvre donne le branle à tout un mouvement d'«étruscomanie» : nouveaux voyages, nouvelles fouilles, nouvelles collections et, à partir de celles-ci, traités théoriques sur tous les aspects de l'histoire, de l'art, de la civilisation étrusques.

Au XVIIIe siècle, les voyageurs qui parlent spécialement de l'Etrurie sont encore rares

Au tout début du siècle, le dominicain français Jean-Baptiste Labat visite et décrit – peut-être est-il le premier à le faire – des tombes de Tarquinia. Au milieu du siècle, le numismate Jean-Jacques Barthélemy s'arrête en particulier à Cortone et s'intéresse beaucoup à la langue : «Je sais assez joliment lire l'étrusque. La langue m'a fait naître bien des idées. Vous savez qu'on ne l'a pas encore découverte…» Dix ans plus tard, l'astronome Joseph Jérôme de Lalande publie un *Voyage en Italie* qui connaîtra un franc succès : par ses notations sur la civilisation étrusque, il entraînera sur le chemin de la Toscane d'autres voyageurs et touristes.

Vers 1760 – au moment du préromantisme anglais –, l'Ecossais James Byres séjourne en Etrurie et peint certaines fresques des tombes de Tarquinia, souvent perdues aujourd'hui.

Les fouilles alimentent de plus en plus de discussions érudites et de collections désormais centrées sur le seul matériel étrusque et non plus sur quelques objets perdus parmi d'autres, grecs ou romains.

Parmi les vases représentés sur cette gravure du *De Etruria regali*, on reconnaît, en haut et à gauche, une amphore dite nicosthénique : cette forme est si typiquement étrusque que les potiers grecs l'ont produite spécialement pour le marché toscan. Quant au monnayage étrusque (représenté ci-dessous), il n'apparaît pas avant le début du Ve siècle avant notre ère : ce sont les monnaies de Populonia (en bronze, en argent,

parfois même en or) qui nous sont parvenues en plus grand nombre, mais certaines grandes cités étrusques n'ont pas eu de monnayage propre.

La tombe de la
Mercareccia est une
des premières qui aient
été mises au jour à
Tarquinia. L'attention
est attirée par les
fresques mais aussi
par le plafond et sa
charpente, tout à fait
exceptionnels : on
pourrait se croire dans
un atrium romain, avec
l'ouverture dans le toit
(*compluvium*). Depuis
toujours, l'architecture
funéraire étrusque est
le reflet des habitations
des vivants, et l'origine
de l'atrium de la
maison romaine doit
sans doute être
recherchée en Etrurie.

LXXV

ERUDITISSIMIS ET CLARISSIMIS

A C A D E M I A E
ETRUSCAE CORTONENSIS
S O C I I S
JOHANNES CHRISTOPHORUS AMADUTIUS
S A L U T E M.

A la lecture du livre de Dempster, la récente Accademia degli Occulti de Cortone devait changer son nom en celui d'Accademia Etrusca. La plupart des lettrés allaient y adhérer : ce fut le cas de Montesquieu, de Voltaire, de Winckelmann. F. Buonarotti en fut longtemps le président. A la mode étrusque, les nobles dames de Cortone participaient aux activités de la docte académie.

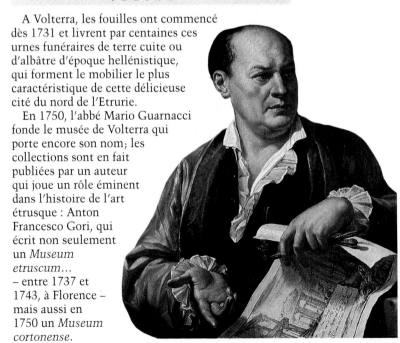

A Volterra, les fouilles ont commencé dès 1731 et livrent par centaines ces urnes funéraires de terre cuite ou d'albâtre d'époque hellénistique, qui forment le mobilier le plus caractéristique de cette délicieuse cité du nord de l'Etrurie.

En 1750, l'abbé Mario Guarnacci fonde le musée de Volterra qui porte encore son nom ; les collections sont en fait publiées par un auteur qui joue un rôle éminent dans l'histoire de l'art étrusque : Anton Francesco Gori, qui écrit non seulement un *Museum etruscum…* – entre 1737 et 1743, à Florence – mais aussi en 1750 un *Museum cortonense.*

L'Académie de Cortone élit ses «lucumons»

Il est impossible de parler de l'étruscomanie au XVIIIᵉ siècle sans faire allusion à l'institution qui l'incarne le mieux : l'Accademía Etrusca de Cortone. Celle-ci possède un «musée» des plus fameux, une collection qui, sans être vraiment publique, n'est plus seulement privée et destinée à rehausser le seul prestige d'une grande famille : ouverte à tous les savants, elle va favoriser le développement des études sur les Etrusques. Fondée en 1726 par un patricien de Cortone, Onofrio Baldelli, l'Académie – qui existe encore aujourd'hui – présente des aspects incontestablement folkloriques : ainsi, chaque année, elle élit son président qui reçoit le titre… étrusque de lucumon – le roi. Deux fois par mois, les académiciens se réunissent au cours de «Nuits de Cortone». Ces réunions donnent lieu à la lecture de doctes communications, de «Dissertations académiques» qui, publiées entre 1738 et 1795, recouvrent tous les sujets d'étruscologie alors débattus, avec les progrès acquis, parfois remis en question, et les hypothèses fantaisistes toujours acceptées. Les études portent sur les origines, la langue, l'alphabet, et l'on met en avant les rapports avec les Hébreux, les Lydiens – la thèse autochtone n'a pas encore beaucoup de partisans – et même les Egyptiens que l'on ne distingue pas radicalement des Etrusques.

Piranèse, défenseur exacerbé des Etrusques

De nombreuses polémiques opposent les noms les plus connus de l'érudition sur des thèmes étruscologiques. Une célèbre querelle met aux prises le Français Pierre-Jean Mariette, graveur et essayiste, et l'illustre Giovanni Battista Piranèse. Ce dernier, formé en Vénétie avant de venir à Rome en 1740, publie en 1761 une œuvre théorique, dans laquelle il souligne de façon fort polémique tout ce que l'architecture romaine doit aux Etrusques, alors que les influences grecques doivent être tenues pour

Giovanni Battista Piranèse (à gauche), vénitien d'origine, puise l'essentiel de son inspiration à Rome et dans la campagne romaine, devant les ruines antiques. On connaît la puissance et la beauté de ses *Vedute* et de ses *Antichita romane;* mais cette fascination devant les architectures romaines va le conduire à ne plus reconnaître que l'art de l'Italie antique : des vases aux temples de l'Italie du Sud (la Grande Grèce !), tout est étrusque, la Grèce n'existe plus.

nulles : à l'appui de cette théorie, il cite les sources classiques – Tite-Live, Denys d'Halicarnasse – et donne les exemples de constructions telles que la Cloaca Maxima – le grand égout–, œuvre des rois étrusques de Rome. A quoi l'érudit français rétorque en 1764 que les Etrusques étant... des Grecs, c'est bien à l'art grec qu'il faut rattacher l'art romain, ce qui entraîne une riposte immédiate de l'artiste italien, renouvelant sa thèse du primat de l'Italie antique dans l'art, par rapport à la Grèce.

1789 : une date révolutionnaire pour les études étrusques

La publication de l'ouvrage de l'abbé Lanzi en 1789, *Saggio di lingua etrusca e di altre antiche d'Italia per servire alla storia dei popoli, delle lingue e delle belle arti*, marque le début d'une ère nouvelle... celle de l'étruscologie. Lanzi fait accomplir des progrès décisifs à l'étude des Etrusques. La plupart des signes de l'alphabet sont désormais interprétés de façon

Le pape Pie VII (représenté ci-dessous avec sa collection de vases étrusques), pendant les vingt-deux ans de son pontificat au début du XIXe siècle, s'est beaucoup dépensé pour assurer la protection du patrimoine artistique italien. Si la création du musée Chiaramonti au Vatican concerne les antiquités romaines, Pie VII s'intéresse aussi aux objets étrusques qui proviennent de ses Etats : ceux-ci comprennent des cités aussi importantes que Caere, Tarquinia et Vulci.

correcte. On ne parle plus de ces fumeuses relations avec l'hébreu par exemple et il restera finalement peu de progrès à faire sur ce point dans les décennies qui suivront. Les relations entre Grecs et Etrusques sont enfin situées à leur juste place : Lanzi ne met pas les seconds à l'origine de tous les arts comme beaucoup d'étruscomanes précédents ou contemporains, mais reconnaît au contraire avec justesse les influences grecques.

En dernier lieu, Lanzi comprend que les magnifiques vases à figures noires ou rouges, découverts par centaines dans les nécropoles étrusques, ne sont pas pour autant des vases étrusques, comme on l'a prétendu jusqu'à présent, mais bien des vases grecs : il étaie cette conclusion sur une argumentation rationnelle et non sur des préjugés, en faisant remarquer par exemple les noms grecs gravés sur ces poteries. Or, l'origine étrusque de ces vases est une des idées les plus répandues dans le monde érudit de cette période.

En 1836 est inauguré le Musée grégorien étrusque (ci-dessous) pour abriter les trésors de la tombe Regolini-Galassi de Caere et la merveilleuse collection de vases attiques de la famille Campanari qui proviennent des nécropoles de Vulci. Depuis longtemps Vincenzo Campanari appelait de ses vœux la création de ce musée, qui possède aussi de très beaux bronzes, des petits comme le miroir de Chalcas ou celui de Pélée et Atalante, des grands comme le célèbre Mars de Todi.

Lanzi organise aussi les collections étrusques du musée des Offices à Florence, collections qui seront à l'origine du grand Musée archéologique de la capitale toscane – l'un des trois grands musées étrusques, avec celui de la villa Giulia à Rome et le Musée grégorien au Vatican.

Des fouilles incontrôlées, inexploitables pour l'archéologie d'aujourd'hui

Au XIXe siècle, les fouilles connaissent une véritable explosion. Etant donné les méthodes ou plutôt l'absence de méthode qui règne en ce domaine, cette frénésie est désastreuse. Le seul but est de réunir de beaux objets bien conservés; on jette tout ce qui n'est pas intéressant du point de vue esthétique ou commercial, et surtout on mélange tous les mobiliers funéraires, au grand désespoir des archéologues modernes.

On saccage entre autres, à partir de 1828, les nécropoles de Vulci, une région peu exploitée

❝ Le prince Lucien Bonaparte organisa de nouvelles excavations, et en moins d'un an, il avait rassemblé à son château de Musignano plus de deux mille vases extraits d'un espace de terrain qui ne dépassait pas deux hectares. ❞
A. Noël Des Vergers

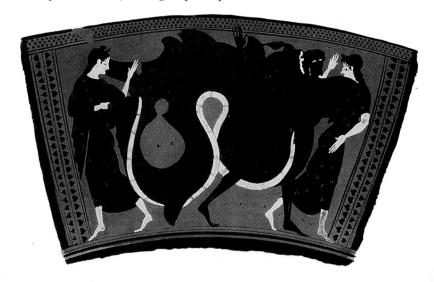

jusqu'au jour où la voûte d'une tombe s'effondre au passage d'une charrue... Les travaux, dirigés par Lucien Bonaparte, prince de Canino, livrent par milliers ces beaux vases attiques qui figurent aujourd'hui dans les vitrines de tous les musées d'Europe et d'Amérique du Nord : on a trouvé plus de vases grecs à Vulci qu'à Athènes...

Dans les «caves peintes» de Tarquinia, des athlètes luttent pour l'éternité

Plus spectaculaire encore fut la découverte des fresques des nouvelles «grottes» de Tarquinia, dans cette nécropole des Monterozzi, ainsi nommée à cause des petites collines que forment les tumulus funéraires, et dont Stendhal parlera comme du «Père-Lachaise» de Corneto. Après les rares fresques qui avaient été dessinées par James Byres apparaissent en quelques années certaines des peintures étrusques qui sont encore aujourd'hui parmi les plus célèbres. En 1827 sont exhumées la tombe du Baron, la tombe des Inscriptions, la tombe des Biges – souvent considérée comme l'œuvre d'un artiste grec : on y voit des dizaines d'athlètes qui évoluent sous les yeux de spectateurs installés dans des tribunes; en 1830, la tombe du Triclinium; en 1831, la tombe Querciola; en 1833, la tombe Giustiniani et celle de la Scrofa Nera. Là encore, c'est le hasard de travaux d'entretien qui est à l'origine de ces trouvailles : en cherchant des pierres pour réparer une route, le maire de Corneto,

En 1830, Prosper Mérimée publie une nouvelle qui s'intitule *Le Vase étrusque*, mais on commence à savoir à cette époque que les beaux vases peints trouvés à Vulci sont des vases attiques. En fait, l'impact de la céramique grecque sur la céramique locale a été permanent : les importations venues de Corinthe d'abord, puis d'Athènes suscitent rapidement en Etrurie des imitations : céramique étrusco-corinthienne de 630 à 540 avant notre ère, suivie de la céramique étrusque à figures noires et à figures rouges. Les formes du *bucchero* étrusque sont bien souvent des formes grecques et les quelques noms étrusques de vases que nous connaissons sont des emprunts grecs.

Carlo Avvolta, tombe sur les blocs qui ferment la voûte d'un hypogée; il peut regarder à l'intérieur et juste apercevoir, intact, un guerrier qui repose sur son lit funèbre : peu après, au contact de l'air, tout ou presque a disparu...

Aussitôt connues, ces fresques attirent tous les archéologues intéressés par l'Etrurie et en particulier quatre d'entre eux qui séjournent à Rome, où ils ont fondé la société des Hyperboréens, et qui vont peu après jouer un rôle de premier plan dans les études étrusques – Gerhard, Panofka, Stackelberg et Kestner. On ne se contente pas d'admirer les fresques, on les reproduit : ces calques, ces aquarelles que l'on doit à des artistes comme Carlo Ruspi, dont le rôle fut longtemps et injustement sous-estimé, sont souvent aujourd'hui le seul témoignage que nous gardions des peintures murales : le temps les a fait disparaître.

La tombe Regolini-Galassi ou l'or des Etrusques

Le 22 avril 1836, l'archiprêtre Regolini et le général Galassi découvrent à Caere, l'actuelle Cerveteri, dans la nécropole dite du Sorbo, une fabuleuse tombe au mobilier miraculeusement intact, qui va désormais être connue sous le nom de ses deux «inventeurs». Cette tombe, un peu antérieure au milieu du VIIe siècle avant J.-C., contient un grand nombre de bijoux

C ette grande fibule d'or (plus de 30 cm de hauteur) servait à fixer le vêtement sur l'épaule : elle est d'un type étrusque traditionnel et a donc été fabriquée sur place, même si les motifs qui la décorent (des lions, ailés ou non) nous renvoient à l'Orient. Sa disposition architecturale a permis à la tombe Regolini-Galassi et à son mobilier somptueux (tels ces bracelets d'or à gauche) d'échapper aux pilleurs.

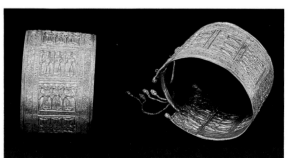

d'or, chefs-d'œuvre de l'orfèvrerie étrusque,
et de nombreux autres objets précieux venus d'Orient
ou décorés de motifs orientaux.

C'est en partie pour exposer le riche matériel de
la tombe Regolini-Galassi que le pape Grégoire XVI
organise et inaugure en novembre 1836 le premier
musée étrusque de Rome, le Musée grégorien du
Vatican. Grâce aux fouilles de Caere essentiellement,
le marquis Campana constitue une collection qui
intéresse particulièrement les Français; en effet,
lorsque, après la mort du marquis, les objets de sa
magnifique collection sont dispersés, ils viennent
enrichir principalement deux musées : celui de
l'Ermitage à Leningrad et celui du Louvre à Paris –
avec entre autres ce chef-d'œuvre qu'est le sarcophage
aux Epoux, jumeau de celui de la villa Giulia.

Les Etrusques viennent à Londres et les Anglais vont en Toscane

En janvier 1837, une exposition d'antiquités grecques
et étrusques est organisée au Pall Mall de Londres par
les Campanari de Toscanella,
fouilleurs et collectionneurs
italiens passionnés. Cette
exposition londonienne
connaît, aussi bien chez
les critiques avertis que
dans le public, un grand
succès. Elle est à l'origine

Un sarcophage de terre cuite de la fin du VIᵉ siècle illustre ici la condition de la femme étrusque : n'est-elle pas placée sur le même plan que son mari? Les femmes sont également étendues sur le lit du banquet, à côté des hommes dont rien ne les sépare. Une telle situation aurait paru inconcevable à des Grecs : chez eux, c'étaient des courtisanes qui se mêlaient aux hommes lors des banquets.

d'un nouvel engouement pour les Etrusques – c'est cet événement qui permet par exemple la publication des dessins de James Byres, restés inédits jusque-là.

Parmi les visiteurs, se trouve une certaine Elizabeth C. Hamilton Gray. Enthousiasmée, elle part aussitôt pour l'Italie et en revient avec son *Tour to the Sepulchres of Etruria* qui, publié en 1840, connaît rapidement plusieurs rééditions. Ce livre sera lu par George Dennis qui va désormais se consacrer à l'Etrurie. Son ouvrage, *The Cities and Cemeteries of Etruria*, publié en 1848, décrit avec minutie et précision tous les sites que l'on peut alors connaître de l'Etrurie, et cela dans un style plaisant, dénué de tout pédantisme, sans oublier les illustrations de l'auteur ou de son compagnon de voyage, l'aquarelliste anglais Samuel James Ainsley.

Le XIXᵉ siècle voit l'essor des publications scientifiques et des grands organismes de recherche

Giuseppe Micali publie en 1810 à Florence – en quatre volumes et un album de planches – *L'Italia avanti il dominio dei Romani*. Ce livre a un grand retentissement dans le monde scientifique et politique, mais suscite nombre de polémiques, en particulier parce que l'auteur y soutient la thèse – encore peu répandue – selon laquelle les Etrusques sont des autochtones. Il reste que ce livre sera souvent la bible de tous ceux qui se passionnent pour cette civilisation.

En publiant dans son ouvrage ces peintures de la tombe Querciola de Tarquinia (400 av. J.-C. environ), Mᵐᵉ Hamilton Gray voulait-elle illustrer ses diatribes contre les Romains? «Comme les Lucumons humiliés de la grande communauté étrusque doivent avoir maudit les niveleurs despotiques qui démolirent leur gouvernement, détruisirent leur nationalité et effacèrent

Le livre de Karl Ottfried Müller, *Die Etrusker*, publié en 1828, est encore utilisable. Les Allemands jouent alors un rôle de premier plan. Ce sont eux surtout – avec la participation de quelques savants français – qui contribuent à la fondation de l'Institut de Correspondance archéologique. La première séance a lieu le 21 avril 1829, jour anniversaire de la fondation de Rome, au palais Caffarelli sur le Capitole. Si cet institut est dédié à l'archéologie classique en Italie d'une façon générale, il consacre une part notable de son activité aux fouilles d'Étrurie, ce dont témoignent largement les premiers numéros de ses différentes publications. Nous sommes presque entrés alors dans l'ère de l'étruscologie scientifique :

leur existence! Nous pouvons presque imaginer que des voix venues des tombes de Vulci et de Tarquinia avaient appelé les hordes nordiques de l'Elbe et de l'Oder pour venger leur cause sur les descendants efféminés de leurs grossiers destructeurs.» Ci-dessous, les restes d'un«temple» à Todi, gravure tirée du livre de Micali, *L'Italia avanti il dominio dei Romani.*

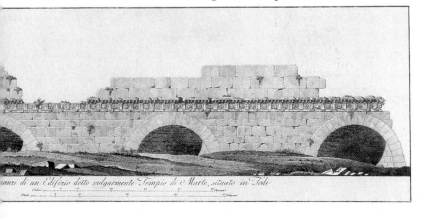

anzi di un Edifizio detto volgarmente Tempio di C Marte, situato in Todi

La tomba bella

S amuel James
Ainsley a peut-être
réalisé cette aquarelle
aussitôt après la
découverte de la tombe
des Reliefs, dans l'hiver
1846-1847. Dite aussi
parfois «tomba bella»,
elle est couverte de
stucs peints qui nous
font pénétrer dans
l'univers quotidien
d'une grande famille
de Cerveteri, à la fin
du IVe siècle av. J.-C.
Si l'on peut voir sur
la frise au-dessus des
niches des casques,
des jambières, des
boucliers, des épées
illustrant la «vocation
guerrière» de la famille,
c'est «un étrange et
savoureux bric-à-brac
qui couvre les piliers
centraux», selon
l'expression de Jacques
Heurgon. A gauche,
par exemple, au-dessus
d'une fouine, une
cruche de bronze,
un bâton, un coutelas,
une hache, un paquet
de cordes. A droite,
une véritable batterie
de cuisine : une louche,
un porte-couteaux, un
ensemble de broches à
rôtir, une bassine posée
sur un trépied, flanquée
de son pilon.

Huxley
La Mercheroccia
June 27 1842 Carrulo

Les tombeaux-étables

La tombe de la Mercareccia a beaucoup inspiré les artistes, mais elle était déjà très abîmée au temps de Samuel Ainsley : sa paroi d'entrée ayant disparu, elle servait alors d'étable. En bas, à droite, c'est une autre tombe hellénistique, plus récente (IIe et Ier siècle av. J.-C.) et typique de la région de Pérouse, qu'a reproduite l'artiste anglais : sous une voûte en berceau remarquablement appareillée, les urnes cinéraires s'amoncellent sur les banquettes et le sol même.

bientôt les Etrusques auront leur propre institut et
leur propre revue. Déjà vient le temps des grands
corpus qui se proposent de rassembler tout le
matériel étrusque alors connu : corpus des
miroirs, commencé en 1841 par l'infatigable
Gerhard (il sera terminé en 1896 par A. Klügmann
et G. Körte); corpus des reliefs d'urnes commencé
en 1870 par Heinrich Brünn et Gustav Körte; enfin,
début du corpus des inscriptions – à l'imitation
du célèbre corpus des inscriptions latines (le CIL) –
en 1893, sous l'égide de l'Académie de Berlin.

Les miroirs de
bronze gravés
étaient une des
spécialités de
l'artisanat
étrusque,
du VIᵉ siècle
au IIᵉ siècle
av. J.-C. Au
revers de la
face lisse,
ils étaient
décorés
de divers
motifs,
végétaux
ou figurés,
parfois en
relief. Ces
objets de
toilette
étaient
destinés à un
public féminin,
qui a influencé
le choix des sujets :
ainsi les images
de déesses sont-elles
fréquentes (à gauche,
la naissance d'Athéna
sortant tout armée de
la tête de Zeus.

1985 : l'Année étrusque ou la grand-messe de l'étruscologie

Certains de ces grands catalogues ont besoin d'être refaits aujourd'hui sur des bases scientifiques plus sérieuses et plus complètes – comment en serait-il autrement puisque les fouilles de plus en plus nombreuses ont multiplié les objets à classer et à étudier? C'est le cas par exemple du corpus des miroirs dont la nouvelle publication est largement commencée. Désormais ces initiatives sont réglées par une institution spécialement vouée à l'étruscologie : l'Istituto di Studi Etruschi ed Italici, de Florence, qui édite depuis 1927 une revue annuelle, les *Studi Etruschi*, et organise colloques et congrès pour faire le point sur les découvertes récentes et les nouvelles approches de la civilisation étrusque. Ainsi l'étruscologie est-elle constituée en tant que science autonome, et à ce titre elle connaît même ses grands-messes : en 1985 s'est tenu à Florence le second Congrès international étrusque qui réunissait les savants du monde entier intéressés par cette culture. Cette réunion a été le prétexte à une véritable floraison d'expositions toutes plus spectaculaires les unes que les autres : ces diverses manifestations sont entrées dans ce que l'on a appelé en Italie d'une façon saisissante l'Année étrusque.

   Un homme incarne cette nouvelle situation de l'étruscologie, scientifique et triomphante : Massimo Pallottino, le «pape» de l'étruscologie. Son manuel, *Etruscologia*, publié pour la première fois à Milan en 1942, a été maintes fois réédité. Mais il serait injuste de ne pas citer le savant français Jacques Heurgon, que l'on a d'ailleurs parfois appelé le «jumeau scientifique» de Pallottino, dont *La Vie quotidienne chez les Étrusques* publiée en 1961 a beaucoup séduit les lecteurs, tant en France qu'à l'étranger.

Outre leur intérêt esthétique, les miroirs étrusques sont riches d'enseignement. Ils nous montrent d'abord que les Étrusques étaient submergés par les scènes de la mythologie grecque : mais est-il légitime, lorsqu'on voit ces représentations d'Hermès (en haut à gauche) ou d'Héraclès (ci-contre), d'en tirer des conclusions sur la religion du peuple toscan? Ces images de divinités n'impliquent pas forcément qu'un culte leur ait été rendu en Étrurie même. D'autre part, comme le nom des dieux ou déesses est souvent indiqué à côté de leurs figures – nous avons là de véritables légendes –, c'est un élément important pour la connaissance de la langue étrusque. Sur le miroir d'Arezzo montrant la naissance d'Athéna, on peut lire les noms de Tina (Zeus), Thanr, Thalna et Sethlans Héphaïstos... dont la hache a fendu la tête de Zeus.

Sur les deux grandes questions, les origines et la langue, une nouvelle approche

Massimo Pallottino a su, sinon régler, du moins désamorcer les deux questions qui ont empoisonné la recherche sur les Etrusques au cours des siècles précédents. Il ne suffit pas d'«expédier», de «convoquer» tel ou tel peuple d'Orient jusqu'en Italie autour de l'an mil avant notre ère pour connaître les Etrusques. Désormais, on considérera que si l'étude des origines garde quelque intérêt, on doit surtout se consacrer à l'étude de la formation du peuple étrusque sur le sol de cette Italie centrale où il s'est développé, où il a produit cette civilisation qui constitua, selon certains auteurs du XIXᵉ siècle, le premier grand moment de l'Italie, avant le règne d'Auguste et le pontificat de Léon X.

Quant à la langue, il ne sert à rien de la faire dériver en bloc de telle ou telle autre langue comme l'hébreu ou l'égyptien, ainsi qu'on voulait le faire encore récemment, et seuls les fantaisistes continuent à rapprocher globalement la langue étrusque du turc,

D ans les tombes les plus anciennes des grands tumulus de Cerveteri (ci-dessous), on a découvert des vases qui portaient déjà des graffiti en étrusque. La plupart des inscriptions sont très courtes : ci-dessus, sur cette petite plaque de bronze d'Orvieto (un ex-voto), on lit (de gauche à droite) : THVAL VEAL.

de l'albanais, du hittite, etc. La langue étrusque est maintenant étudiée en elle-même, pour elle-même, par un travail intrinsèque minutieux, consistant par exemple à rapprocher les différentes inscriptions, chaque année plus nombreuses, qui offrent ainsi un ensemble de documents toujours plus riche pour alimenter les recherches, les confrontations.

Espoirs et déceptions à Pyrgi

Parfois naît un fol espoir : en 1964, on trouve à Pyrgi – un des ports de Caere –, au cours de la fouille d'un sanctuaire capital, trois lamelles d'or chargées d'inscriptions : deux d'entre elles portent un texte étrusque plus ou moins long, et la troisième est rédigée en phénicien. On croit avoir découvert une inscription bilingue, on croit tenir la pierre de Rosette de l'étrusque. Las! le texte étrusque le plus long et le texte phénicien ne sont qu'assez proches et non identiques, et l'inscription phénicienne, dans une langue que l'on croyait donc bien connue, est interprétée en fait de façon fort variée par les spécialistes sémitisants... Malgré tout, ces lamelles ont vraiment permis de préciser nos connaissances sur certains points de la langue étrusque, notamment les noms de chiffres.

Cette fouille de Pyrgi a d'ailleurs été une des plus fécondes de ces dernières décennies; d'autres recherches archéologiques ont encore concerné les ports, là où la présence d'étrangers, de Grecs en particulier, était bien attestée, là donc où pouvait s'exercer d'abord ce phénomène d'acculturation que l'on souligne avec raison aujourd'hui pour expliquer,

Les lamelles d'or de Pyrgi (500 av. J.-C. environ) – ci-dessus, les deux qui portent une inscription étrusque – avaient été déposées dans une vasque entre les deux temples, cachette soigneusement aménagée lors de la destruction du sanctuaire. On reconnaît sur les deux textes le nom du magistrat de Caere, Thefarie Velianas (écrit VELIIUNAS sur le texte de droite) qui aurait dédié un sanctuaire à Uni, dont on lit le nom au début de la troisième ligne de l'inscription de gauche.

mieux que par des vagues d'immigration, le processus de développement qui a touché l'Etrurie dès le VIIIᵉ siècle avant notre ère. Les fouilles de Gravisca, un des ports de Tarquinia, ont été exemplaires à cet égard.

Autre aspect frappant en matière de fouilles : la coopération internationale. Les Italiens, après la Seconde Guerre mondiale, ont largement ouvert les territoires étrusques de Toscane et du Latium à des équipes britanniques (Véies), françaises (lac de Bolsena), suédoises (Acquarossa, San Giovenale), américaines (Cosa, Murlo) où là encore des résultats spectaculaires ont été obtenus.

On fouille toujours les nécropoles, mais on s'intéresse de plus en plus aux villes des vivants

Naturellement, beaucoup de choses ont changé quant aux méthodes de fouille, aux champs d'action, aux buts recherchés. Parmi les grandes tendances actuelles de la recherche archéologique en Etrurie, il faut souligner l'intérêt porté désormais aux habitats; pendant longtemps, les fouilleurs n'ont guère consacré leurs efforts qu'aux nécropoles et, accessoirement, aux temples. Les raisons de ce choix étaient fort simples : le but principal était de trouver des objets, si possible de beaux objets bien conservés, pour les exposer dans des collections ou pour les vendre.

Le commerce d'antiquités est une activité fort lucrative que poursuivent aujourd'hui, malgré les efforts de l'Etat italien, les trop célèbres *tombaroli*, les pilleurs de tombes, qui alimentent le marché de l'art antique. C'est dans les nécropoles que l'on trouve le plus facilement vases intacts ou objets précieux peu abîmés : dans les maisons d'habitation, on ne découvre en général que des fragments de

En Etrurie, les statues étaient sur les toits. Datant du début du VIᵉ siècle av. J.-C., cette statue-acrotère de terre cuite, grandeur nature, représente un personnage assis portant un curieux chapeau de cow-boy et une barbe étroite : elle a été trouvée, avec plusieurs fragments de statues semblables – au nombre probable de treize – lors des fouilles de la résidence seigneuriale de Murlo, à 25 kilomètres au sud de Sienne. La présence d'une grosse tuile courbe, à la base de certains fragments, montre bien que ces statues étaient situées sur le faîte du toit : on pense aujourd'hui qu'elles figuraient les ancêtres censés protéger le palais de leur aristocratique famille.

céramique, de simples tessons sans valeur marchande.
Une autre raison a également joué dans ces options
stratégiques : bien souvent, il y a eu continuité
d'occupation sur un même site, et la cité étrusque se
trouvant sous la ville moderne, il est bien difficile de
la dégager. De plus, l'étude d'un habitat réclame,
autant que faire se peut, une fouille assez étendue,
afin par exemple de constater les principes
d'urbanisme qui ont été mis en œuvre – ou parfois
l'absence de tout plan régulateur. Ainsi, à Caere ou
Orvieto, les villes médiévale et moderne ont
recouvert l'habitat étrusque. Pourtant, malgré ces
difficultés, les archéologues et historiens, qui visent
maintenant à la connaissance globale des sociétés
antiques, sont à la recherche d'une bonne perception
de l'habitat domestique et de la vie quotidienne de
tous les habitants. De telles fouilles ont donc eu lieu
durant ces dernières décennies à Acquarossa et San
Giovenale près de Viterbe, et à Murlo près de Sienne.
Tout récemment, des fouilles très prometteuses ont

Moment émouvant de l'étruscologie : un jour de 1916, l'Apollon de Véies est découvert. Cet acrotère du temple dit de Portonaccio est sans doute l'œuvre d'un grand maître de la sculpture en terre cuite, le seul artiste étrusque dont le nom nous ait été transmis par les sources littéraires : le coroplathe Vulca de Véies.

La muséologie moderne impose de présenter les tombes de façon claire et surtout avec l'ensemble de leur mobilier : on ne se contente plus d'entasser dans des vitrines, de façon anarchique, des milliers de vases. On reconnaît ici le mobilier d'une tombe de Cerveteri, de la seconde moitié du VIIe siècle av. J.-C., avec sa céramique de bucchero et son urne cinéraire peinte.

été ouvertes sur le site de Tarquinia et sur celui de Cerveteri ; un exemple exceptionnel reste celui de Marzabotto, près de Bologne, où l'essentiel de la ville antique a pu être mis au jour : c'est que là, il n'y a pas eu continuité d'occupation urbaine, et c'est la raison pour laquelle nous ne connaissons pas le nom étrusque du site...

Cela ne saurait vouloir dire que les fouilles de nécropoles sont abandonnées – ne serait-ce que parce que des tombes sont souvent découvertes au cours de fouilles dites de sauvetage. Mais là encore l'optique a radicalement changé. On ne se contente plus de recueillir soigneusement le matériel déposé dans la tombe. Celle-ci est désormais étudiée dans tous ses aspects, comme véritable reflet d'une structure sociale. De fait, certains objets, certaines représentations constituent d'authentiques *status-symbols* ; la fouille d'une nécropole doit livrer aujourd'hui une multitude de renseignements et déboucher sur une analyse de l'idéologie funéraire du peuple concerné.

Si nous sommes entrés dans l'ère de l'étruscologie scientifique, la découverte garde encore bien souvent tout son romantisme. Nul doute que le sol de l'Etrurie ne réserve beaucoup de joies pour les archéologues à venir : si la découverte des Etrusques dure depuis des siècles, le dernier chapitre de cette histoire n'est pas encore écrit.

George Dennis affirmait déjà que Sorano (à droite), au nord-ouest du lac de Bolsena dans une région volcanique, était un des paysages les plus saisissants de l'Etrurie centrale. La ville est située sur un plateau bordé de falaises abruptes : à quelques kilomètres, des tombes rupestres, avec des colonnes et des frontons creusés dans le rocher.

Les Villanoviens sont des Proto-Etrusques. Derrière cette formule aride se cache une constatation simple : la civilisation étrusque s'est épanouie sur place, en Italie, au contact des colons grecs, attirés par le fer de l'île d'Elbe. Aucun peuple n'est arrivé brusquement d'Orient ou d'ailleurs. Miracle de l'acculturation.

CHAPITRE II

NAISSANCE D'UNE NATION

Le mot «canope» qui désigne ces cinéraires de la région de Chiusi (page de gauche) a été emprunté à l'Egypte, après l'expédition de Bonaparte et la mode qui s'ensuivit. Avec le temps, les Etrusques développent les signes d'anthropomorphisation : le couvercle prend de plus en plus figure humaine.

La civilisation étrusque, la première qui ait fleuri sur le sol de l'Italie connaît ses siècles d'or aux VIIᵉ et VIᵉ siècles avant notre ère. Elle s'épanouit pour l'essentiel entre Tibre et Arno, entre Apennins et mer Tyrrhénienne.

Contrairement au mythe indéracinable perpétuellement repris à son sujet, la civilisation étrusque n'a rien de mystérieux. Si les Etrusques ont pu imposer, pendant un temps, leur domination et leur culture à la plus grande partie de l'Italie, c'est d'abord et simplement parce qu'ils disposaient de ressources tout à fait remarquables : fertilité des terrains agricoles donnant en abondance vin et huile – les deux productions maîtresses de la Méditerranée antique, à côté des céréales bien entendu; ressources minières – fer, en particulier – jouant un rôle de premier plan dans l'économie antique. A côté d'une Etrurie minière au nord, autour de Populonia, on a pu parler, plus au sud, d'une Etrurie du vin autour de Vulci et Caere.

Dans la géographie comme dans l'histoire, il n'y a pas d'unité étrusque

L'histoire de l'Etrurie est d'abord, comme en Grèce, l'histoire des différentes cités qui, pour parler une même langue et ressentir leur communauté d'origine, mènent la plupart du temps une politique personnelle et connaissent un développement spécifique.

La géographie est elle-même révélatrice de ces disparités. L'Etrurie méridionale se caractérise par des terrains volcaniques, avec des plateaux de tuf, véritables promontoires sur lesquels se sont implantées les grandes villes : c'est le cas de Véies, Caere, Tarquinia. Le site le plus spectaculaire est peut-être, dans l'Etrurie intérieure, celui de Volsinies, la grande métropole religieuse.

Dans l'Etrurie septentrionale, les cités sont plutôt installées sur un ensemble de petites collines séparées par des dépressions, telle Pérouse qui s'étend sur une trentaine d'hectares, aux confins de l'Ombrie, le long de la vallée du Tibre, à l'est du lac Trasimène. Le rôle des fleuves est déterminant dans cette partie de l'Etrurie intérieure, puisque c'est autour du Tibre

❝ Les noms mêmes des deux mers, supérieure et inférieure, qui entourent l'Italie comme une île, prouvent la grandeur de la puissance [des Etrusques] : les Italiens appellent l'une la mer Toscane, l'autre la mer Adriatique du nom d'Adria, colonie des Etrusques. Les Grecs les nomment mer Tyrrhénienne (Etrusque, en grec) et mer Adriatique.❞

Tite-Live

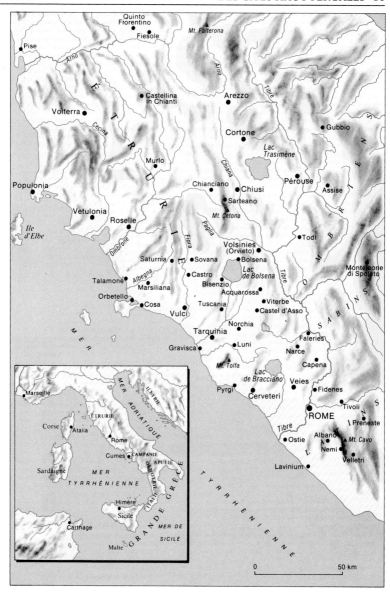

et du Chiana, placé lui sous le contrôle de Chiusi, qu'on trouve les seules plaines véritables, dont les richesses agricoles suscitent la floraison d'une multitude d'exploitations et même de centres mineurs.

S'il existe peu de zones montagneuses, à part les contreforts des Apennins et le mont Amiata, s'il existe peu de grandes plaines, en revanche les lacs sont assez nombreux. C'est autour d'eux que gravitent quelques-unes des principales métropoles : le lac Trasimène entre Cortone, Chiusi et Pérouse, le lac de Bolsena entre Volsinies et Vulci, le lac Ciminius – aujourd'hui de Vico – entre Sutri et Viterbe, près des grands centres de l'Etrurie rupestre, et le lac Sabatinus – aujourd'hui de Bracciano – au nord de Cerveteri et de Véies.

A ces lacs d'origine volcanique, il faut ajouter le Lacus Prilius, en fait une grande lagune asséchée depuis l'Antiquité, et près de laquelle se sont développées

" Un ravin s'ouvre, étroite coupure. Sur un lit de pierres noires, volcaniques, serpente un torrent, le Fiora [...]. Surplombant la gorge sauvage s'arrondit l'arche du pont qui, depuis deux mille ans, relie Vulci à sa nécropole. Le tablier fut reconstruit par les Romains. L'eau qui sourd d'une ancienne conduite romaine maintenant disparue a ourlé celle-ci de concrétions calcaires qui ressemblent à des festons. "
Sibylle von Cles Reden

successivement les
cités de Vétulonia et de
Roselle. Celles-ci
contrôlaient de surcroît
l'embouchure de
l'Ombrone, un des rares
fleuves permettant de
pénétrer vers l'Etrurie
intérieure.

Si d'autres fleuves
côtiers ont joué un rôle
dans le peuplement de
ces régions – l'Albegna,
le Fiora –, la côte elle-
même était assez inhospitalière, comptant seulement
deux ports naturels, Populonia et Talamone.
Populonia – à cause du fer de l'île d'Elbe – est donc
la seule grande cité étrusque qui ait été installée
directement sur la mer.

D'une manière générale, on évite ce choix dans
l'Antiquité pour des raisons pratiques et parfois
morales ; il faut se protéger des pirates et de leurs
razzias, et l'on craint aussi
les influences pernicieuses
venues d'au-delà des
mers. Tout le littoral
méridional et
son arrière-pays,
la Maremme
toscane et latine,
seront jusqu'au
XIXe siècle une
zone de marais
insalubres et de
fièvres. Seuls
les Etrusques,
grâce à leurs
prouesses
d'hydrauliciens,
ont su rendre
ces terres fertiles
pendant quelques
décennies.

L es scènes de labour
sont très fréquentes
dans l'art étrusque
depuis l'époque
villanovienne. Mais
ce personnage est-il
un simple paysan au
travail derrière son
araire et ses bœufs ?
Sa coiffure suggère
qu'il s'agirait en réalité
d'un prêtre occupé à
délimiter un espace
sacré. Ces rites avaient
beaucoup d'importance
dans la *disciplina
etrusca*, en particulier
lors de la fondation
des villes : les Romains
les ont d'ailleurs
empruntés à l'Etrurie,
et Romulus lui-même
ne procède pas
autrement lors de la
fondation de l'Urbs,
Rome.

Villanoviens ou Proto-Etrusques...

L' inspiration fantaisiste des Villanoviens de Tarquinia se retrouve surtout dans leur goût pour les vases en forme d'animaux, les *askoi* : ils n'hésitent d'ailleurs pas devant les compositions hybrides, comme on le voit par ce brûle-parfum de bronze monté sur roues, à corps d'oiseau et tête de cerf. Mais «la représentation fondamentale est celle de l'animal essentiel pour l'élevage et les travaux agricoles, le bœuf ci-dessous, conçu comme un symbole de force et de prospérité» (Ranuccio Bianchi-Bandinelli).

Au IXᵉ siècle avant notre ère, des populations convergent sur les sites qui seront ceux des futures villes de la dodécapole étrusque. C'est, dans l'histoire de l'Italie, l'époque dite villanovienne, ainsi appelée depuis qu'au siècle dernier les principaux caractères de la culture qui s'est épanouie à ce moment-là ont été identifiés sur le site de Villanova, tout près de la ville de Bologne.

C'est par un très complexe processus de transformations internes qu'à partir de 700 avant notre ère environ – date d'apparition des premières inscriptions rédigées dans cette langue - se constitue la civilisation étrusque. Il faut exclure l'arrivée massive, soudaine, d'un peuple déjà entièrement constitué sur le sol de l'Italie centrale, et qui aurait apporté, pour ainsi dire toute faite, cette civilisation.

Les métropoles étrusques sont le résultat de la «coagulation» des divers villages d'époque villanovienne. Ce phénomène est surtout observé en Etrurie méridionale, la région nettement la plus riche et la plus développée de l'époque. A cet égard, le site de Véies est tout à fait représentatif : une dizaine de villages ont été repérés sur un plateau de cent quatre-vingt-dix hectares environ, et c'est là une situation que l'on peut déjà qualifier de «proto-urbaine».

Des urnes-cabanes, modèles réduits des habitations villanoviennes

En l'absence de toute source littéraire, ce sont les nécropoles qui fournissent encore aujourd'hui les traits caractéristiques de la culture villanovienne. C'est alors le règne de l'incinération : les vases qui contiennent les restes des défunts, faits d'une terre cuite assez grossière – *l'impasto* –, ont pour la plupart une forme tout à fait typique, biconique; ce qui les distingue est leur couvercle, tantôt une simple écuelle, tantôt un casque qui peut être en bronze; on reconnaît là une volonté de différenciation sexuelle, l'écuelle renvoyant à toutes les tâches de la maison, sur laquelle règne la femme, et le casque symbolisant les valeurs viriles par excellence, c'est-à-dire celles de la guerre. On trouve en Etrurie méridionale – comme dans le Latium – une catégorie spéciale de vases cinéraires : des urnes en forme de cabane qui intéressent particulièrement les archéologues, parce qu'elles permettent, grâce à leurs nombreux détails – toit, porte, fenêtre –, de se faire une idée des cabanes réelles dans lesquelles habitaient les Villanoviens.

Une urne-cabane du type de celle reproduite ci-dessus a été trouvée à Pontecagnano en Campanie. Des fouilles récentes ont mis au jour, à Tarquinia, dans la nécropole des Monterrozzi – d'où viennent les askoi, (page de gauche) –, un véritable village de cabanes villanoviennes, de forme ovale ou rectangulaire; elles rappellent aussi ces cabanes du Palatin, à Rome dont ne subsistent plus que quelques modestes trous de poteaux creusés dans la roche mais qui confirment la date de la fondation de Rome (753 av. J.-C.). Ci-contre, une urne biconique d'impasto décorée de simples motifs géométriques et couverte d'un casque de métal.

Vers l'Etrurie des princes

Puissance impérialiste, l'Etrurie villanovienne essaime en Campanie et autour de Bologne. Au VIIIᵉ siècle, elle pratique des échanges avec ses proches voisins, ce qui ne va pas manquer de retentir sur les structures de la société : échanges et trafics entre Populonia – mais aussi Vétulonia, Vulci – et la Sardaigne nuraghique – ainsi appelée en raison des tours de défense, les nuraghes, caractéristiques de l'île à cette époque; trafics surtout avec les colonies grecques eubéennes. Les ossuaires villanoviens anciens comprenaient un matériel funéraire des plus rudimentaires, composé de quelques objets personnels – rasoirs, fibules, armes...–d'une grande homogénéité, révélatrice d'une société tribale, sans véritables classes. Petit à petit, sous l'influence de ces échanges, qui profitent davantage à un petit nombre, les tombes se diversifient, le mobilier de certaines d'entre elles s'enrichit considérablement par le nombre et la qualité des objets. A la fin du VIIIᵉ siècle émerge une classe de dominants; dans plusieurs sites d'Etrurie apparaissent des tombes justement qualifiées de princières.

A la mode orientale

Bien que certains habitats aient été récemment fouillés – Murlo au nord, Acquarossa au sud –, ce sont encore les nécropoles qui permettent le mieux de caractériser cette période que l'on appelle orientalisante – environ au VIIᵉ siècle avant notre ère : les objets relevant d'une mode orientale y fourmillent dans les

◆◆ Le décor de la coupe [ci-dessous] est constitué de bandes superposées, où sont figurées des scènes de chasse, des défilés guerriers, à pied, à cheval ou en char, des scènes champêtres avec un homme qui pioche et un autre qui défend son troupeau contre un lion, etc. Tout ce répertoire typiquement chyprio-phénicien est exécuté avec beaucoup de finesse. En revanche, les têtes de serpents sont faites de façon grossière [...]. Nous avons donc là un objet importé qui a été ensuite modifié dans un milieu artistique beaucoup moins habile, que nous devons supposer local et que nous pouvons reconnaître comme étrusque.◆◆
R. Bianchi-Bandinelli

tombes – ce sont des objets réellement importés d'Orient ou fabriqués sur place par des artisans immigrés en Etrurie, ou encore imités par des artistes locaux.

Certains archéologues et historiens ont vu là le signe le plus tangible de l'arrivée sur le sol étrusque d'un peuple tout constitué, venu d'Orient – de Lydie ? –, alors que ces objets se retrouvent ailleurs en Méditerranée, sans qu'on en tire les mêmes conclusions. Mais la thèse orientale, bien ancrée depuis l'Antiquité, et l'isolement apparent des Etrusques en Italie – isolement linguistique d'abord et surtout – portaient à des conclusions extrêmes et saisissantes.

Les orgueilleux tumulus de Caere

A la fin du VIIIᵉ siècle, dans la plus grande partie de l'Etrurie, le rite funéraire évolue : on passe de l'incinération à l'inhumation. Ce changement a fortement contribué à accréditer l'idée de l'arrivée d'un nouveau peuple...

En réalité, ces rites funéraires relèvent de faits culturels et non ethniques. Dans le second quart du VIIᵉ siècle surgissent à Caere quelques énormes tumulus. La tombe est souvent entièrement creusée dans le tuf. Elle est parfois à moitié excavée, à moitié construite – telle la célèbre et fastueuse tombe Regolini-Galassi : dans ce cas, le tumulus de terre a aussi un effet fonctionnel, protecteur. Mais le grand tumulus a d'abord et surtout un caractère

Ces mains de Vulci, du milieu du VIIᵉ siècle av. J.-C., sont en bronze, mais décorées de petits clous d'or. Quant à ce bras (page de gauche) ou plutôt cet avant-bras d'ivoire (moins de 20 cm), il servait de manche d'éventail : il est décoré de files d'animaux réels ou fantastiques (lions, chimères, sphinx, cerfs) typiques de l'orientalisant étrusque. Le travail de l'ivoire se prolonge, en Etrurie centrale surtout, jusque dans les premières décennies du VIᵉ siècle.

En vue aérienne, la nécropole de la Banditaccia à Caere apparaît comme une gigantesque taupinière. La calotte des plus anciens tumulus s'appuie sur un tambour cylindrique orné d'une corniche moulurée (bandes et tores) : c'est la première décoration architectonique de pierre qu'ait connue l'Italie. Un podium permettait d'accéder au sommet de la calotte : c'est là en effet que devaient être effectués un certain nombre de rites funèbres et que devaient prendre place les spectateurs qui assistaient aux jeux funèbres.

spectaculaire, presque politique. Pouvant atteindre cinquante mètres de diamètre, il inscrit pour l'éternité dans le paysage la puissance et l'orgueil d'une caste dominante, celle des princes, qui sont inhumés là avec ostentation, cependant qu'autour d'eux s'étalent les sépultures simples et modestes qui reçoivent les dépouilles de leurs clients. C'est, sur le terrain, la traduction très claire de la structure de la société étrusque de l'époque.

Une société fondée pour l'essentiel sur le système de la clientèle

Les clients de l'orgueilleuse aristocratie étrusque sont dans une situation juridique et sociale banale pour l'Antiquité, à mi-chemin entre esclavage et liberté : ils ont en effet le droit de posséder des biens mais ils sont astreints à des obligations, à des servitudes militaires et agricoles. Denys d'Halicarnasse donne un exemple de ces obligations : en 480 avant notre ère, au cours de la guerre interminable qui oppose Rome et Véies, celle-ci demande – et obtient, ce qui est vraiment rare – l'appui de la confédération étrusque : «De toute l'Etrurie, les princes les plus puissants étaient venus, conduisant avec eux leurs "pénestes"». En utilisant ce mot qui désigne certaines populations thessaliennes «dépendantes», Denys souligne la condition précaire et misérable de ces clients étrusques durement exploités.

Si l'on a qualifié ces tombes de Caere et d'ailleurs de princières, c'est aussi en raison du matériel fastueux qui y était déposé avec le corps du principal membre de la famille, le «fondateur» de la tombe. Ici, peut-on dire, l'intérieur ne trahit pas l'extérieur.

L'incroyable richesse des tombes Barberini et Bernardini à Préneste

A côté de la tombe Regolini-Galassi de Caere, il ne faut pas oublier les deux tombes de Préneste – Barberini et Bernardini – dont le matériel est au musée de la villa Giulia. Mais pourquoi des princes étrusques ont-ils été inhumés à Préneste – l'actuelle Palestrina – qui n'est pas une ville étrusque mais latine? Cette cité, au sud-est de Rome, contrôle la route menant de l'Etrurie à la Campanie, et des princes étrusques prélèvent ici les péages qui leur permettent d'accumuler leur fortune : ce lieu de sépulture suggère l'importance des échanges économiques qui s'opèrent entre les deux régions.

Le pendentif à tête d'Achéloos (ci-dessus), conservé au musée du Louvre, date du VIe siècle av. J.-C. Il donne un exemple de l'orfèvrerie étrusque.

A toutes les époques, à tous les âges, les Etrusques portent des bijoux : ci-contre, boucles d'oreilles sur un canope féminin de Chiusi.

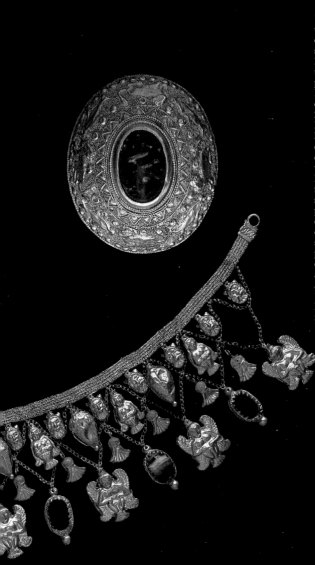

On a beaucoup discuté sur les techniques d'orfèvrerie étrusque, notamment sur la granulation. En réalité, ce n'est pas une invention étrusque puisqu'on peut l'observer sur le trésor de Priam à Troie (2350-2100 av. J.-C.), en Egypte au début du IIe millénaire, puis en Grèce à différentes époques. Mais il est vrai aussi que les Etrusques ont su fabriquer des «grains» si minuscules qu'on a pu parler de poussière d'or. Des orfèvres contemporains semblent avoir enfin percé quelques-uns des mystères de cet artisanat de luxe : en attendant, la lecture du *Traité d'orfèvrerie* de Benvenuto Cellini est riche d'enseignements.

On a fait l'inventaire de la tombe Bernardini, dont le mobilier date, comme celui des deux autres tombes princières déjà citées, des années précédant le milieu du VIIᵉ siècle. On a ainsi dénombré une centaine d'objets : une dizaine en or, une quarantaine en argent, une trentaine en bronze, et quelques autres en fer, faïence, verre, ambre et ivoire, ce dernier matériau illustrant à lui seul les rapports de l'Etrurie avec l'Orient. On a d'ailleurs découvert à Vétulonia des fragments d'ivoire brut, non encore travaillé, preuve, s'il en était besoin, que ces objets, pour la plupart précieux, au décor souvent raffiné, n'étaient pas tous importés d'Orient, de Syrie ou de Chypre mais que la plupart étaient exécutés sur place, soit par des artisans locaux, à l'imitation d'objets ou de «cartons» importés, soit par des artisans grecs ou orientaux immigrés en Etrurie.

Quoi qu'il en soit, tout le répertoire chyprio-phénicien, égyptisant ou encore de l'Urartu, l'actuelle Arménie, tous

Ci-dessus, cette patère en argent doré, d'inspiration égyptienne, provient de la tombe Regolini-Galassi. En Etrurie, si les ancêtres sont parfois sur le toit des palais, il leur arrive aussi d'attendre les visiteurs dans la pièce principale d'une tombe. C'est le cas pour cinq statuettes de terre cuite peinte du type ci-contre (0,47 m de hauteur), qui étaient placées sur des sièges sculptés dans le tuf d'une tombe de Cerveteri, justement dite des Cinq Sièges et datant de 600 av. J.-C. : mais leur type de manteau et l'emplacement de la fibule sur l'épaule droite montrent que ces personnages vivaient en fait cinquante ans auparavant.

ces lions, ces sirènes, ces sphinx suffisent à faire comprendre l'épithète d'«orientalisante» qui est donnée à cette période.

L'orfèvrerie et le bucchero : des techniques inégalées

Parmi les objets exécutés en Etrurie même figurent de nombreux bijoux en or, chefs-d'œuvre d'orfèvrerie décorés grâce à la technique de la granulation. Si cette technique, qui consiste à former de minuscules boules d'or appliquées ensuite sur une plaque, n'a pas été inventée par les Etrusques, elle a été menée par les Toscans à un point de raffinement extrême.

D'autre part, on trouve, dans la plupart des tombes de cette époque, une céramique tout à fait typique de l'Etrurie : le bucchero, céramique à pâte et surface noires. Cette poterie locale apparaît dans les années 670, précisément à Caere – qui va d'ailleurs tout de suite exporter ses productions, non seulement en Etrurie méridionale et dans le Latium, mais aussi en Sicile et jusqu'à Carthage. Les parois des vases sont alors extrêmement fines : c'est ce que l'on appelle en italien le *bucchero sottile*, souvent décoré de motifs géométriques incisés. Mais apparaît aussi dans le dernier tiers du VIIᵉ siècle une exceptionnelle production de bucchero à décoration figurée. C'est ainsi que, sur un vase découvert à Véies, on peut voir, à côté d'animaux appartenant au classique répertoire oriental, chevaux ailés, lions, panthères…, un combat de boxe, opposant deux de ces pugilistes que Tarquin l'Ancien devait faire venir à Rome précisément à cette époque.

Vers 700 avant J.-C., les Etrusques se mettent à écrire...

Si les exemples de Caere et de Préneste sont les plus célèbres, d'autres tombes princières ont été mises au jour sur des sites étrusques plus septentrionaux, par exemple à Vétulonia et Populonia. Sur le site de Marsiliana d'Albegna, entre Vulci et Populonia, qui disparaîtra par la suite, plusieurs tombes très riches, appartenant à l'orientalisant récent – années 630 et suivantes –,

Après le VIIᵉ siècle, la qualité du *bucchero* étrusque diminue : les parois s'épaississent et on parle alors de *bucchero pesante*. Des formes nouvelles apparaissent, comme cette œnochoé à tête de bovidé, et les procédés de décoration évoluent vers le relief (à Tarquinia, Orvieto, Vulci, Chiusi). Au début du Vᵉ siècle, on peut considérer que le bucchero a disparu, remplacé par les vases peints imités de l'attique.

Cette statue d'un enfant étrusque porte sur l'épaule une inscription incomplète à cause du bras manquant. Le plus long texte étrusque que nous possédions est assez récent (IIe-Ier siècle av. J.-C.). Il a une bien étrange histoire : la «momie de Zagreb» a en effet connu un véritable «roman de la momie». Au milieu du XIXe siècle, un collectionneur croate avait rapporté d'Egypte, selon l'usage, quelques antiquités et, parmi celles-ci, figurait une momie : on s'aperçut un peu plus tard que les bandelettes étaient couvertes d'un texte écrit à l'encre noire; c'est seulement en 1892 que ce texte de plus de 1 200 mots fut identifié comme étant de l'étrusque. Il s'agit d'un calendrier rituel indiquant les cérémonies à accomplir pour telle ou telle divinité certains jours de l'année. On peut penser que ce livre de lin appartenait à un haruspice ou à une petite communauté étrusque installée dans la vallée du Nil, et qu'il fut ensuite déchiré en bandelettes utilisées pour envelopper une momie.

ont été découvertes. Dans l'une d'elles, appelée le cercle des Ivoires, on a trouvé une tablette rectangulaire en ivoire, qui servait à écrire et qui portait elle-même un alphabet – modèle ? – de vingt-six signes.

En fait, les Etrusques écrivaient depuis le début du VIIe siècle : les premières inscriptions remontent en effet à cette date quand il leur fallut faciliter les échanges économiques. Ce sont bien des raisons commerciales qui ont en premier lieu poussé les Etrusques à adopter, pour transcrire leur propre langue, l'alphabet grec qu'ils ont emprunté à leurs voisins helléniques de Cumes. Ce simple fait suffit à chasser un des lieux communs les plus résistants, selon lequel la langue étrusque serait totalement mystérieuse et inconnue : nous la lisons sans problème puisqu'elle est en quelque sorte écrite en grec.

... Et nous comprenons bon nombre de leurs textes

L'écriture est alors réservée aux cercles aristocratiques. La possession et l'usage de cette précieuse technique apparaissent en effet comme des signes sociaux distinctifs, que l'on revendique hautement. Mais l'écriture va bientôt se diffuser dans des couches plus larges de la population : des artisans, de condition manifestement inférieure, signent leurs productions, poteries ou même peintures pariétales funéraires.

D'autre part, la plupart des inscriptions les plus anciennes – notre documentation n'est qu'épigraphique – sont extrêmement courtes, réduites à quelques mots, des noms propres surtout. Elles indiquent en général que «tel objet est la propriété de X» – plus exactement sous la forme à la première personne : «j'appartiens à X» – ou que «Y a offert, a donné à telle divinité tel objet». Or, nous lisons et comprenons ces inscriptions sans le moindre problème, même si nous pouvons parfois hésiter sur le sens exact d'un verbe marquant de toute façon une offrande, un don ou une dédicace.

Il reste encore actuellement beaucoup de progrès à faire pour traduire les textes les plus longs qui ont été trouvés, mais les grandes énigmes de la langue étrusque se dissipent progressivement.

De nombreuses inscriptions étrusques figurent sur des ex-voto : ce petit chien de bronze était apparemment dédié à Calu, un dieu de la mort étrusque. Quant à ce petit bronze trouvé près du lac Trasimène, représentant un enfant avec une médaille – une «bulle» – autour du cou, il porte le mot FLERES qui signifie «statue» ou «dieu» ou plutôt «offrande votive».

Vin. Franceschini Scul.

Ex Aere Alt. Pe. I. Perusiæ Apud Nobiles de Grazianis

« **P**resque toute l'Italie était sous l'autorité des Etrusques.» Caton l'Ancien, comme les autres historiens latins, devait le reconnaître : avant Rome étaient les Etrusques. La grandeur de l'Etrurie au VIᵉ siècle est d'abord celle de ses douze cités, mais là réside aussi sa faiblesse. Jamais lucumons ou magistrats ne parviendront à s'entendre. Impossible unité étrusque.

CHAPITRE III
L'APOGÉE DE L'ÉTRURIE

La puissance de Porsenna, roi de Chiusi et sans doute de Volsinies, est considérable à la fin du VIᵉ siècle. Pline l'Ancien a laissé de son tombeau une description fantastique, dont de nombreux artistes se sont inspirés pour tenter de le représenter (à gauche).

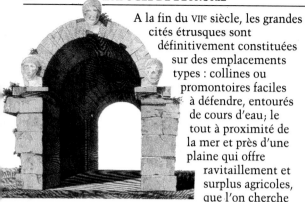

A la fin du VIIe siècle, les grandes cités étrusques sont définitivement constituées sur des emplacements types : collines ou promontoires faciles à défendre, entourés de cours d'eau; le tout à proximité de la mer et près d'une plaine qui offre ravitaillement et surplus agricoles, que l'on cherche à écouler : le VIe siècle sera pour l'Etrurie l'apogée de tous les trafics commerciaux.

Signe clair de cette urbanisation, la présence d'enceintes. Les premières fortifications, en briques crues, de Roselle remontent peut-être au milieu du VIIe siècle. Vers 550 est érigée sur ce même site une nouvelle enceinte, de pierre cette fois-ci, en appareil polygonal, sur une longueur de plus de trois kilomètres. D'autres fortifications sont connues pour cette même époque à Populonia, Volterra, Vétulonia, Véies.

L'urbanisme étrusque fait de Rome l'«Urbs»

Le cas de Rome est également typique : si cette ville n'est pas à proprement parler en Etrurie, certains auteurs anciens la mentionnent cependant comme cité étrusque. Elle est alors dominée par une dynastie étrusque : la tradition historiographique évoque la muraille servienne qui aurait été érigée un peu avant le milieu du VIe siècle. Entre la fin du VIIe et la fin du VIe siècle, les Etrusques procèdent à l'assèchement d'une vallée marécageuse – emplacement sur lequel s'érigera le futur forum républicain – permettant ainsi à l'Urbs de trouver son unité, grâce à la Cloaca Maxima, le grand égout. Une autre dépression, entre Palatin et Aventin, la vallée Murcia, est aussi aménagée, afin qu'on puisse construire le grand cirque appelé à devenir, et pour longtemps, le plus grand édifice de spectacles du monde. Cette activité

La Porta all'Arco de Volterra, appartenant à l'enceinte étrusque du IVe siècle, est remarquablement conservée, même si l'arc lui-même a été partiellement restauré à l'époque romaine. Elément caractéristique, les trois têtes en saillie, sculptées dans un tuf noir, doivent être celles de divinités protectrices de la cité.

édilitaire concerne aussi et surtout les temples : temple de Jupiter Optimus Maximus sur le Capitole, au plan toscan, et temple de Fortuna et Mater Matuta sur le forum Boarium, où des fouilles récentes sont venues corroborer la tradition littéraire.

L'Etrurie aux douze cités

Plusieurs auteurs anciens mentionnent la dodécapole étrusque sans préciser sa composition exacte. Quelles villes faut-il inclure dans cette liste ? Il est difficile de s'accorder sur tous les cas et on arrive bien souvent à un nombre supérieur à douze! En réalité, cette liste «canonique» de douze cités n'a pas été immuable : certaines cités ont été absorbées par d'autres, des rivalités politiques ont conduit à l'exclusion, provisoire ou non, de telle ou telle ville. Pour tenter de reconstituer la dodécapole initiale, il faut s'appuyer sur des documents objectifs : les indications de Tite-Live concernant les peuples étrusques qui ont apporté

Pérouse fut, à partir du IVe siècle av. J.-C., un centre étrusque très puissant dans la haute vallée du Tibre. Plusieurs portes de son enceinte ont été incorporées dans des constructions plus récentes : on voit ici l'Arc étrusque dit l'arc d'Auguste, flanqué de ses deux tours et surmonté d'une frise avec cinq boucliers ronds. La loggia de la tour de gauche a été construite au XVIe siècle.

leur contribution à Scipion partant pour l'Afrique en 205, ou encore les inscriptions d'époque impériale sur les magistrats de la ligue étrusque. On arrive à la conclusion que la première ligue étrusque, fondée à la fin du VIIᵉ ou au début du VIᵉ siècle, comprenait les cités suivantes : Caere, Tarquinia, Vulci et Vétulonia en Etrurie maritime ; Véies, Volsinies, Chiusi et Pérouse en Etrurie intérieure tibérine : Volterra, Arezzo, Cortone, Fiésole en Etrurie septentrionale.

Cette ligue possède un centre religieux, le sanctuaire de Voltumna, le dieu protecteur de la ligue étrusque, situé sur le territoire de Volsinies. La religion constitue le ciment principal de la confédération : chaque année, des festivités, des cérémonies et en particulier des *ludi* sont célébrés au Fanum Voltumnae sous l'autorité d'un prêtre élu, le *sacerdos*. Avec les jeux panétrusques, on a dans cette Delphes étrusque l'équivalent des jeux panhelléniques olympiques ou pythiques. Les opérations politiques communes ont dû rester fort limitées. Cependant la confédération a dû jouer un rôle essentiel lors de la colonisation menée dans la plaine padane, où d'ailleurs c'est une autre dodécapole qui aurait été alors fondée, avec Felsina – aujourd'hui Bologne – comme capitale.

Le règne des lucumons

Ces mêmes sources littéraires, qui évoquent l'existence d'une ligue étrusque des douze peuples, le *nomen etruscum*, parlent à plusieurs reprises, soit à la tête des cités, soit à la tête de la ligue – pour l'époque archaïque au moins –, de la présence de rois étrusques ou mieux de

A Rome, les amateurs d'art collectionnaient déjà les statuettes étrusques, les «Tyrrhena sigilla» comme les appelle Horace. Ces petits bronzes, que l'on trouve isolés comme ex-voto ou bien ornant des pièces de mobilier – en particulier des candélabres –, représentent des divinités, des guerriers, des dévots, des athlètes... Ces étranges statuettes filiformes (à gauche) font penser à des Giacometti.

lucumons. A vrai dire, on se demande souvent aujourd'hui si ce terme était bien un nom commun ou s'il n'était pas seulement un nom propre : ainsi, selon Tite-Live, Tarquin l'Ancien s'appelait-il dans sa langue «Lucumo» avant de devenir roi de Rome et d'adopter – de façon bien anachronique! – les *tria nomina* (prénom, nom de famille et surnom) du citoyen romain parmi lesquels le prénom Luc-ius aurait justement rappelé son nom primitif de Luc-umo. Mais après tout ce n'est pas forcément là une contradiction : on connaît aussi en France bien des gens qui s'appellent Roy ou Leroy…

Un régime monarchique aurait donc été instauré en Etrurie à une époque reculée, des restaurations monarchiques auraient même eu lieu dans certaines cités jusqu'au milieu du IVe siècle. Selon Tite-Live, si Véies, au début du IVe siècle, n'avait pas obtenu l'appui sans partage de la ligue étrusque, c'était moins en raison de son régime monarchique abandonné depuis longtemps par les autres cités qu'à cause de la personnalité même de son souverain qui s'était rendu odieux à tous par un véritable sacrilège : furieux d'avoir été battu à l'élection pour le titre suprême

Les spectateurs étrusques étaient surtout attirés par les sports de combat, boxe et lutte. Le pugilat se déroulait en musique : au centre, ce boxeur – dont l'adversaire a curieusement disparu – est accompagné par un jeune aulète. A gauche, sous le regard de l'arbitre, un des lutteurs est sur le point de chuter. Dans l'Antiquité, la victoire à la lutte était acquise lorsqu'on avait réussi trois tombés.

de sacerdos, n'avait-il pas en effet retiré tous ses acteurs et toutes ses vedettes sportives en plein milieu de la fête panétrusque qui se déroulait alors ?

A quelle date les lucumons étrusques ont-ils laissé la place à des régimes «républicains» caractérisés par des magistrats, selon le modèle décrit par l'historiographie antique pour Rome ? Ce dernier exemple laisserait penser qu'il faut remonter jusqu'à la fin du VIe siècle, mais d'autres constatations vont dans un sens différent. Un zilath, c'est-à-dire un magistrat de premier plan, un *praetor* – s'il faut trouver un équivalent romain –, est attesté dès le début du VIe siècle par une inscription trouvée tout récemment en Emilie, c'est-à-dire aux confins de l'Etrurie.

On peut se demander légitimement si les grandes cités étrusques n'ont pas déjà changé de régime aux alentours de 600 avant notre ère – à moins que ce magistrat n'ait été en place sous les ordres d'un lucumon.

L'Etrurie, comme la Grèce, a aussi ses tyrans

Il est certain aussi que le VIe siècle voit l'expérimentation et la mise en place de nouvelles formes de pouvoir à caractère mixte, ou plus exactement tyrannique, au sens grec du terme. La personnalité de Servius Tullius ne manque pas de frapper. Celui-ci est censé avoir régné à Rome, après Tarquin l'Ancien, de 578 à 534 : les historiens latins ont insisté sur ses origines latines pour masquer la présence étrusque à Rome, pendant tout le VIe siècle, présence

❝ [Servius Tullius Maxtarna était] un de ces chefs révolutionnaires et plébéiens qui, au moment où le régime monarchique, en Italie comme dans toute la Méditerranée, chancelait sur ses bases, se dressèrent, porteurs d'une idéologie nouvelle, détrôneurs de rois, libérateurs des peuples, au seuil de l'âge républicain. Etait-ce vraiment celui à qui l'annalistique romaine a fait tant bien que mal une place entre les deux Tarquins, à la fin de sa galerie de souverains ? En faveur de cette identification, on fait valoir que Servius Tullius, dont le nom même évoque une naissance servile (ou étrangère), passait pour le fondateur de toutes les institutions démocratiques de la Rome républicaine. ❞
Jacques Heurgon

C i-dessous, un sarcophage de magistrat provenant de Cerveteri.

On a dit à propos de la fresque ci-contre qu'elle était «le plus ancien portrait en pied de toute la peinture européenne». Ce personnage, Vel Saties, est un aristocrate de Vulci, de la fin du IVe siècle av. J.-C. : il s'apprête à observer le vol de l'oiseau que va laisser partir le petit esclave Arnza. L'art de la divination était en effet réservé à la classe dominante. Vel Saties porte une magnifique toge brodée de motifs figurés : c'est la *toga picta* que revêtira le triomphateur romain. La plupart des insignes étrusques de la souveraineté seront repris à Rome, où ils deviendront l'apanage des magistrats républicains (faisceaux, chaises curules...).

pourtant incontestable d'après les seules inscriptions. C'est ainsi que récemment, on a trouvé à Sant' Omobono, à l'emplacement du forum Boarium, une petite figurine en ivoire représentant un lion couché, au dos duquel une inscription étrusque livrait le nom de Spurinna : un nom de famille de Tarquinia – d'où venaient les Tarquins ! – porté par plusieurs personnages illustres dans l'histoire de l'Etrurie et de Rome, dont le propre haruspice de César.

Mais nous savons, grâce aux indications de l'empereur Claude, que Servius Tullius était un Etrusque de Vulci, qui portait en fait le nom de Maxtarna. Il serait venu à Rome, tel un condottiere de la Renaissance toscane, entouré de ses troupes et de deux lieutenants, les frères Aulus et Cælius Vibenna. Or, des fresques de Vulci de la fin du IVe siècle, dans la tombe François, semblent constituer une extraordinaire illustration de ces événements; on y voit en effet les trois héros vulciens, Maxtarna et les frères Vibenna, lutter contre des guerriers venus de diverses cités, étrusques, falisques et latines, dont un Tarquin de Rome!

Servius Tullius, dans sa prise du pouvoir et la politique qu'il mène ensuite, dans les institutions qu'il est censé établir, présente divers aspects d'un tyran à la grecque; son portrait n'est pas sans rapport avec celui que nous voyons s'esquisser, un demi-siècle plus tard, de Thefarie Velianas, dirigeant de Caere. Notre source, ce sont ici les lamelles d'or de Pyrgi. On voit en effet que le dédicataire d'un sanctuaire à la déesse Astarté – l'Uni étrusque – est qualifié dans le texte phénicien de «roi sur Caere», tandis qu'il est nommé dans le texte étrusque «zilath», c'est-à-dire magistrat : une ambiguïté qui semble bien montrer là aussi l'aspect tyrannique de ce pouvoir.

Les nécropoles révèlent l'émergence d'une classe moyenne

Il est clair en tout cas que la société étrusque de la seconde moitié du VIe siècle n'est plus du tout, au moins dans l'Etrurie méridionale et centrale, celle décrite plus haut : là encore, l'archéologie funéraire est révélatrice, celle de Caere notamment. On assiste à une véritable régularisation de la nécropole, qui devient une vraie ville des morts avec ses rues et parfois même ses places. De plus en plus, les tombes sont quadrangulaires, en forme de dé; elles sont parfaitement homogènes et les façades, soigneusement alignées sur des rues qui se coupent à angle droit, forment d'authentiques *insulae*.

Une telle rationalisation, une telle planification de l'espace correspondent à ce que nous savons et voyons par ailleurs de l'urbanisme, où le système grec orthogonal, dit hippodaméen, commence à être appliqué.

Né à Caere, le tumulus monumental va disparaître dans cette même nécropole de la Banditaccia : une nouvelle structure funéraire apparaît vers la fin du VIe siècle qui permet d'économiser l'espace et de tracer des voies rectilignes (via dei Monti della Tolfa, dei Monti Ceriti, delle Serpi). L'étape intermédiaire est constituée par quelques «dés» construits de forme exceptionnellement circulaire.

Désormais, la façade de la tombe reçoit l'essentiel de la décoration, avec des jeux de polychromie : les files de pierres claires alternent avec le rouge du tuf. La partie supérieure reçoit souvent une corniche en bec-de-corbin et, surtout, la porte de type dorique présente des contours très élaborés, selon un schéma que l'on connaissait déjà à l'intérieur des tombes.

Les palais funéraires des aristocrates d'Etrurie

L a tombe Régolini-Galassi (à gauche), désignée par le nom des deux «inventeurs» qui l'ont mise au jour dans la nécropole du Sorbo à Cerveteri, est l'une des plus célèbres d'Étrurie. En partie creusée dans le tuf, en partie construite, c'est une sorte de tombe-vestibule, tout en longueur, avec deux petites chambres latérales contenant nombre de pièces de mobilier exceptionnel. A l'autre bout de l'Étrurie, à Quinto Fiorentino, au nord-ouest de Fiesole, la tombe de la Montagnola (ci-contre en haut) et celle de la Mula (ci-contre en bas) frappent par leur architecture intérieure, avec les couloirs d'accès (dromos) à la chambre funéraire remarquablement appareillés et les fausses voûtes ou coupoles en encorbellement, qui évoquent les tholoi mycéniennes. La tombe de l'Alcôve (pages suivantes), dans la nécropole de Banditaccia, est typique de l'architecture funéraire de Caere au IVe siècle av. J.-C., avec ses puissants piliers cannelés, son plafond à double pente dans la «nef centrale», et sa chambre-alcôve abritant le lit du couple titulaire de la tombe.

Les pleureurs de l'ombre

La tombe des Augures, à Tarquinia, porte un nom qui est le fruit d'une erreur : on a pris pour un augure un personnage (ci-dessus) tenant un *lituus*, qui sera l'insigne des augures romains, alors qu'il s'agit d'un organisateur des jeux représentés sur les autres parois de la tombe. La présence d'oiseaux, simples motifs de remplissage, a renforcé cette interprétation erronée, puisque les augures romains étaient censés observer le vol des oiseaux. La paroi du fond est occupée, au centre, par une fausse porte considérée généralement comme la porte menant aux Enfers. De part et d'autre, deux personnages se touchent le front en signe de lamentation : ce sont sans doute des pleureurs professionnels.

Des raisons religieuses ont pu intervenir – l'empiétement des tombes nouvelles sur les précédentes constituant un sacrilège; mais cette nouvelle organisation traduit aussi et surtout l'apparition d'une classe moyenne plus homogène, dont la fortune provient du commerce et de l'artisanat. La nécropole septentrionale d'Orvieto, au lieu-dit Crocifisso del Tufo, montre cet état de choses d'une façon spectaculaire : on y découvre une véritable logique urbanistique, avec des îlots de tombes et des rues à angle droit. Les tombes à chambre unique, toutes construites d'une manière semblable, ont une façade ornée d'une corniche à gorge égyptienne.

A travers les vestiges du monde de la mort, on voit se dessiner une société reposant sur une classe moyenne, presque égalitaire. La nécropole de Tarquinia offre avec ses centaines de petits tumulus un spectacle qui n'est guère différent. Les tombes peintes, qui sont l'attrait touristique principal de ce site, ne représentent en effet que deux pour cent de l'ensemble.

Depuis l'ère villanovienne, les représentations de navires de commerce ou de guerre sont fréquentes dans l'art étrusque – qu'il s'agisse de scènes mythologiques (le bateau d'Ulysse par exemple) ou non. Ci-dessous, une reconstitution du XIXᵉ siècle.

Vaste fédération, l'Empire étrusque vit son âge d'or

L'apparition d'une classe moyenne est liée à l'augmentation de la production qui favorise l'enrichissement de nouveaux groupes sociaux, et à l'intensification des échanges commerciaux avec toute la Méditerranée. C'est le moment où la civilisation étrusque connaît une expansion remarquable et atteint son apogée : toutes les sources le confirment. Selon la tradition historiographique, les Etrusques règnent sur Rome de 616 à 509, c'est-à-dire *grosso modo* pendant tout ce grand VIe siècle.

Par ailleurs, Hérodote relate un événement significatif quant aux luttes pour la maîtrise des eaux tyrrhéniennes : dans les années 540-535, la bataille navale d'Alalia se déroule au large de la Corse. Elle oppose les Phocéens – qui, chassés de leur patrie d'Asie Mineure par la conquête perse, cherchent à s'établir dans le bassin occidental de la Méditerranée – aux Etrusques de Caere, alliés en la circonstance aux Carthaginois.

Les Etrusques passaient pour exercer la piraterie : mais ce sont les Grecs, jaloux de leurs succès commerciaux, qui leur ont fait cette réputation. La coupe· attique, à gauche, illustre cette présence étrusque en mer Egée : Dionysos, enlevé par des pirates tyrrhéniens qui voulaient le vendre comme esclave, les transforme en dauphins.

Bien que les termes utilisés par l'historien d'Halicarnasse soient ambigus, ils révèlent que ce sont ces derniers qui triomphent. Les habitants de Caere se comportent fort mal en lapidant les prisonniers phocéens qui leur ont été attribués dans le partage du butin. La domination étrusque est ainsi réaffirmée dans la région, mais les Caerites, pour expier leur faute – et faire cesser l'épidémie qui s'abat sur leur cité –, sont contraints d'aller consulter l'oracle de Delphes. La cité étrusque méridionale – comme Spina, sur l'Adriatique – entretenait d'excellents rapports avec le sanctuaire d'Apollon, puisqu'elle a pu y ériger un trésor.

Etrusques et Carthaginois : une alliance fructueuse

De fait, nombreux sont les Etrusques – des Tyrrhéniens comme les désignent les sources grecques, littéraires ou épigraphiques – à fréquenter les grands sanctuaires panhelléniques, Delphes ou Olympie. Ils n'hésitent pas à consacrer à Apollon ou à Zeus des ex-voto pour célébrer victoires militaires ou succès divers : ainsi Pausanias rappelle-t-il que la plus ancienne offrande faite à Zeus olympien par un Barbare était celle d'un roi étrusque, Arimnestos, qui avait consacré un trône à la divinité. L'alliance entre Carthaginois – de Sardaigne ? – et Caerites assure en outre aux Etrusques le contrôle de la mer sarde et va leur permettre de faire prospérer leur colonie d'Aléria, sur la côte orientale de la Corse, jusqu'à la conquête romaine, les Phocéens étant chassés de ce territoire où ils comptaient s'installer.
Cette alliance étrusco-carthaginoise

Les noms des divinités étrusques sont révélateurs du phénomène d'hellénisation qui a marqué la religion toscane. Certains dieux ou déesses, aux noms indigènes (étrusco-italiques), ont été «identifiés» à des correspondants grecs : Tinia (le bronze à gauche) à Zeus, Turan à Aphrodite, Turms à Hermès, Fufluns à Dionysos, Sethlans à Héphaïstos. Mais d'autres noms de divinités ont été clairement empruntés au grec : Apulu (Apollon), ci-dessus, Artume (Artémis), Hercle (Héraclès).

est parfaitement illustrée par l'archéologie, pour une période légèrement postérieure. A Pyrgi, un des ports de Caere, ont été trouvées trois lamelles d'or, inscrites – deux en étrusque, une en phénicien –, qui signalent la dédicace d'un édifice sacré à Astarté, identifiée à la déesse étrusque Uni – autrement dit la Junon romaine. La religion venait encore cimenter l'union entre les deux peuples et on ne peut guère douter que des négociants puniques aient été installés dans le port de Caere; d'ailleurs, sur le sol même de Carthage, où l'on trouve beaucoup de céramiques étrusques depuis les années 650, on a mis au jour une plaque d'ivoire inscrite en étrusque, que l'on doit considérer comme une tessère d'hospitalité, qui permettait sans doute à un marchand de Carthage de circuler librement en Etrurie.

S i la statue d'Apollon en est l'acrotère le plus célèbre, le temple de Portonaccio à Véies n'était pas pour autant consacré à Apulu, mais plutôt à Menerva (Minerve).

Les ports, carrefours commerciaux et culturels

L'Etrurie connaît donc au VIᵉ siècle une période de bouillonnement intense, où les rapports entre Etrusques et étrangers sont fréquents et apparemment faciles : le meilleur exemple de cette situation est peut-être l'*emporion*, le port franc, de Gravisca, lié à Tarquinia. Des marchands, venus d'abord de la Grèce de l'Est puis d'Egine, fréquentent cette escale de Tarquinia, où ils sont protégés par leurs propres dieux, les Etrusques leur concédant en effet le droit d'ériger un véritable sanctuaire grec – avec des dédicaces à Aphrodite, Héra, Déméter, puis après 550 à Apollon. Après 500, les Etrusques prendront de plus en plus d'importance dans la gestion du sanctuaire, désormais consacré à des divinités locales. Au début du IIIᵉ siècle, la conquête romaine mettra fin à son existence.

A propos des fouilles de Gravisca, un fait qui peut paraître anecdotique est pourtant lourd de conséquences pour l'histoire

de l'art étrusque : parmi les objets offerts en ex-voto dans ces sanctuaires helléniques, on a découvert, mêlés à de la céramique grecque, des fragments de matières colorantes, de pigments ocre ou bleu. Or, on sait que de telles couleurs ont été utilisées par les artistes qui exécutaient les fresques de Tarquinia : c'est là l'indice concret que des peintres immigrés – venus d'abord de la Grèce de l'Est – ont travaillé dans la nécropole des Monterozzi, ce que l'on pouvait déjà supposer par le style gréco-oriental de certaines de ces peintures.

Des fresques funéraires aux motifs étonnamment gais

Pour quelques tombes particulièrement belles de Tarquinia, on avait toujours évoqué en effet l'hypothèse d'une main grecque, mais la preuve est faite désormais que des ateliers hellènes ont joué un rôle direct dans l'élaboration de ces œuvres. Les tombes peintes sont l'apanage des milieux les plus riches de la société : ainsi, la tombe des Taureaux – 540-530 environ –, bien connue des visiteurs par ses motifs érotiques et sa scène mythologique

Le vol de ces oiseaux n'est pas observé par un augure mais plus prosaïquement par un chasseur qui cherche à les atteindre avec une fronde. Si le gibier d'eau était fort prisé en Étrurie, bien d'autres chasses intéressaient les Etrusques, en particulier celle au sanglier. Une tombe peinte de Tarquinia porte le nom révélateur de «tombe de la Laie Noire». Quant au pêcheur, il relève sa ligne ou son filet : la barque est décorée à l'avant d'un œil «prophylactique», porte-bonheur.

– le guet-apens tendu par Achille à Troïlos, fils de Priam –, appartenait-elle, comme nous l'apprend une inscription peinte sur la paroi, aux Spurinna, une des familles les plus importantes dans l'histoire de Tarquinia. Les motifs les plus fréquemment représentés sur ces fresques – banquets, danses, jeux, scènes de chasse et de pêche – traduisent le mode de vie et la mentalité des cercles dominants. Ces peintures tarquiniennes sont très importantes dans l'histoire de l'art car elles sont un témoignage unique pour l'Antiquité classique, la grande peinture grecque ayant presque complètement disparu : il nous reste surtout la peinture sur vases qui n'en constitue souvent qu'un pâle reflet.

Certaines chasses (au sanglier, au cerf) se faisaient en musique (comme le pugilat ou le pétrissage de la pâte à pain ou bien d'autres activités). Ce musicien s'appelle en étrusque un *suplu* (en latin, *subulo*); c'est à tort que les modernes parlent d'un «flûtiste» : l'instrument, à anche, était en réalité plus proche du hautbois ou de la clarinette.

Les Gaulois découvrent le vin grâce aux Etrusques

Les trafics commerciaux qui parcourent alors la Méditerranée, et dans lesquels sont impliqués des Etrusques, concernent en premier lieu le vin et l'huile. L'identification récente des amphores étrusques, fabriquées en particulier à Vulci, ainsi que les vases de bucchero permettent de voir que les Etrusques ont exporté leurs produits en Corse, en Sardaigne, en Sicile, à Carthage, et – en très grande quantité – sur les côtes du Languedoc et de la Provence. Les premières amphores vinaires trouvées en Gaule sont apparemment des amphores étrusques : ce sont donc les Etrusques qui ont donné aux Gaulois le goût du vin!

Les échanges ne sont évidemment pas à sens unique : parmi les importations qui atteignent l'Etrurie au VIe siècle, la plus spectaculaire est peut-être la céramique grecque,

corinthienne d'abord, puis attique : les vases d'Athènes sont alors expédiés en Etrurie par milliers. Certains ateliers travaillent uniquement et spécialement pour le marché étrusque, diffusant ainsi très largement les images de la mythologie et de la vie quotidienne grecques. Mais, dans ces échanges, il serait injuste d'oublier les denrées périssables qui ont pourtant eu une importance fondamentale, les viandes salées par exemple.

Expansion territoriale, échanges économiques, mobilité sociale : de tout cela témoignent bien des documents connus depuis longtemps ou récemment découverts. Ainsi les nécropoles d'Orvieto ont-elles livré plusieurs noms d'origine non étrusque, mais grecque, italique ou même celtique : il y avait par exemple un Katacina qui avait étrusquisé, avec le suffixe -na, son premier nom gaulois, Catacus. En revanche, des inscriptions attestent la présence – et parfois une colonisation? – étrusque aussi bien à Lattes, près de Montpellier, qu'à Pompéi en Campanie, et à Rome même.

Les Etrusques sur le trône de Rome : une affaire de famille ?

Les historiens anciens ont retenu seulement trois noms dans la dynastie étrusque qui a occupé le trône de Rome de 616 à 509. On ne s'étonnera pas trop de cette longévité, un peu curieuse surtout pour une telle époque : la liste des sept rois de Rome a été fixée de façon artificielle. L'empereur Claude reconnaît, dans son discours reproduit sur la Table claudienne de Lyon, que Servius Tullius a été inséré entre les deux Tarquins. Mais l'histoire de Tarquin l'Ancien est très révélatrice de cette période : il est lui-même fils d'un Corinthien, Démarate, qui serait arrivé à Tarquinia vers 650, chassé de sa cité par des troubles politiques. Mais, s'il a choisi comme terre d'accueil cette cité étrusque, c'est qu'il avait l'habitude de commercer avec elle : or, on peut constater que la céramique corinthienne est précisément importée en Etrurie à cette époque, où elle va donner naissance à une production locale d'imitation – la céramique étrusco-corinthienne produite de 630 à 540. Démarate d'ailleurs n'était pas venu seul mais entouré d'artistes et d'artisans : il aurait ainsi initié l'Etrurie aux arts plastiques et même à l'écriture – ce qui ne saurait être accepté, puisque les premières inscriptions remontent presque à 700.

Si Démarate a apparemment réussi son intégration sociale à Tarquinia, son fils Lucumon va faire encore mieux en s'installant sur le trône de Rome. Il est difficile d'apprécier exactement la portée de cet événement. La tradition historiographique romaine, pour ménager la grandeur et l'indépendance de Rome, voit là une simple affaire privée ; mais certains

Le propriétaire de la tombe des Taureaux (ci-dessus) est-il le même que le Spurinna dont le nom figure au dos d'un petit lion d'ivoire mis au jour à Rome, à Sant'Omobono ? On suit en tout cas le destin de cette grande famille de Tarquinia sur plusieurs siècles. Ici, l'un des deux taureaux, qui ont donné leur nom à la tombe, charge le couple homosexuel. Ces scènes érotiques sont situées, dans un but magique, au-dessus de portes menant à deux petites chambres funéraires. Dans l'art et la religion étrusques, la mort et l'érotisme sont liés. A gauche en haut, scène de boxe sur une amphore de Vulci.

historiens modernes pensent à une véritable domination politique successive sur Rome de différentes cités étrusques, dont Tarquinia et Chiusi avec Porsenna à leur tête. Il est certain que des groupes d'aristocrates étrusques, tels que Spurinna, entourés de leurs clients, ont littéralement fait la ville et changé en profondeur la culture romaine.

Les femmes étrusques : un rôle de premier plan

Il est aussi dans la geste de Lucumon un aspect révélateur de l'Etrurie : le rôle accordé à sa femme, Tanaquil, surnommée la Faiseuse de rois. C'est elle en effet qui, par sa science de la divination, pousse

Une anecdote de Tite-Live révèle ce que les Romains pensaient des femmes étrusques. Les jeunes princes étrusques, à l'époque de Tarquin le Superbe, s'ennuient pendant le siège de la ville de Gabies et comparent la vertu de leurs femmes : l'une d'entre elles, Lucrèce, est romaine. Puis, les esprits s'échauffant, ils décident d'aller les surprendre chez elles. «Lucrèce leur apparaît bien différente des belles-filles du roi : ils les avaient trouvées avec des compagnes (ou des compagnons) de leur âge, devant un festin somptueux [et bien sûr, étendues sur les lits du banquet!]; elle, au contraire, bien avant dans la nuit, elle travaillait la laine, veillant avec les servantes et assise au milieu de sa maison» (Jacques Heurgon). On connaît l'issue de cette histoire : le viol de Lucrèce par Sextus Tarquin irrité de tant de pureté… et l'instauration de la république.

Ci-contre, le sarcophage de Larthia Scianti, provenant de Chiusi.

son mari au moment décisif, et c'est elle encore qui, trente-sept ans plus tard, saura faire monter Servius Tullius sur le trône. Tanaquil – un prénom féminin très fréquent dans les inscriptions étrusques – est le symbole de la liberté de la femme étrusque et de son statut social, sans comparaison avec celui de la femme grecque souvent confinée dans le gynécée. La femme étrusque sort beaucoup et assiste en particulier aux spectacles sportifs, aux courses de chars et aux compétitions athlétiques. Tout cela suscite l'ire des Grecs, toujours jaloux des Etrusques, et certains auteurs avides de commérages n'hésitent pas à parler de la débauche des femmes étrusques et de leur propension à banqueter et à faire l'amour sans la moindre pudeur – d'une manière plus sérieuse, il n'est pas impossible que l'Etrurie ait connu, en particulier au sanctuaire de Pyrgi, certaines formes de prostitution sacrée.

Mais, si les descriptions des auteurs grecs ne révèlent guère que leurs propres fantasmes, il reste qu'en cette fin du VIe siècle, l'Etrurie vit ses dernières années heureuses : la décadence est proche, bientôt viendra le temps des premières défaites.

L'épigraphie nous apprend beaucoup de choses sur la condition de la femme étrusque. D'abord, elle a droit à un prénom (comme Tanaquil) – alors que la fille de Cicéron ne s'appelle que Tullia, du nom de son père. Et les hommes eux-mêmes sont, à l'époque récente, désignés aussi, parfois, par leur matronyme. Certains historiens ont même parlé – mais tout à fait à tort – de matriarcat étrusque.

Pour le poète latin Catulle, l'Etruscus est «obesus», pour Virgile il est «pinguis», gras. Sur le couvercle des sarcophages de Tarquinia, des magistrats défunts étalent une bedaine satisfaite : signe révélateur de la décadence morale et de l'amollissement de ce peuple livré à tous les plaisirs? En fait, bien d'autres causes plus sérieuses expliquent la chute des cités étrusques.

CHAPITRE IV
GRANDEUR ET DÉCADENCE

Ce notable étrusque ne dédaignait certes pas les banquets – le collier de fleurs, la coupe… – mais son embonpoint et sa bague en or ne traduisent-ils pas surtout sa puissance et sa richesse?

La bataille d'Alalia dans les années 530 a démontré que les Etrusques de Caere et leurs alliés carthaginois contrôlaient alors la mer Tyrrhénienne. Quelques décennies plus tard, la situation est complètement renversée. C'est la fin de la thalassocratie étrusque. Les deux alliés d'hier subissent en effet deux défaites révélatrices, à quelques années d'intervalle, sous les coups d'une même puissance maritime grecque, qui n'est plus Phocée mais Syracuse.

Les deux lagunes de Salammbô, près de Tunis, correspondent respectivement au port marchand et au port militaire (circulaire) de la Carthage punique, dont les symboles apparaissent sur cette monnaie d'argent : le cheval et le palmier.

En 474, la défaite de Cumes sonne le glas de la thalassocratie étrusque

Dans la seconde moitié du VIe siècle, les Carthaginois dominent non seulement les côtes d'Afrique du Nord, mais aussi une partie de la Sardaigne et de la Sicile. En 480, c'est dans cette dernière île qu'ils sont vaincus, à Himère, par Gélon, tyran de Syracuse. Par une

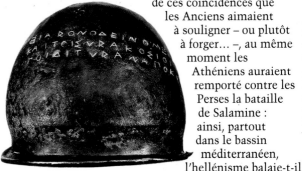

de ces coïncidences que les Anciens aimaient à souligner – ou plutôt à forger… –, au même moment les Athéniens auraient remporté contre les Perses la bataille de Salamine : ainsi, partout dans le bassin méditerranéen, l'hellénisme balaie-t-il la «barbarie». Six ans plus tard, en 474, c'est au tour des Etrusques – autres «barbares» aux yeux des Grecs – d'être vaincus par la nouvelle armada du tyran Hiéron de Syracuse, le frère de Gélon. La scène se passe au large de Cumes, dont les habitants, excédés par les incursions étrusques, ont appelé à l'aide les Syracusains. Deux témoignages de cet événement se trouvent à Olympie et au British Museum : des casques, portant une inscription, que Hiéron a dédiés au sanctuaire d'Olympie pour célébrer sa victoire sur les «Tyrrhéniens».

La bataille de Cumes a été chantée par des poètes grecs comme Pindare. Sur ce casque étrusque, l'inscription grecque gravée indique : «Hiéron, fils de Deinoménès, et les Syracusiens [l'ont offert] à Zeus, [l'ayant pris] sur les Tyrrhéniens ("Turana") de Cumes.»

La perte de Rome interdit la liaison directe avec la Campanie

Désormais, les Etrusques ne tiennent plus les routes maritimes vers leurs possessions de Campanie, et ces établissements, qui ont connu une grande prospérité au VIe siècle, vont bientôt leur échapper totalement. Hiéron de Syracuse installe à Ischia – les îles Pithécusses de l'Antiquité – une garnison qui lui permet de surveiller le trafic entre l'Etrurie et la Campanie. D'autre part, selon les historiens romains, les Etrusques ont été chassés du trône de Rome en 509. En fait, d'autres Etrusques ont certainement succédé à Tarquin le Superbe; ainsi il est probable que Porsenna, roi de Chiusi – et d'autres cités tibérines, comme Volsinies – ait conquis Rome. Au début du Ve siècle, les routes terrestres vers Capoue ne sont plus tenues aussi solidement par les seuls Etrusques. Ces affaiblissements successifs trouvent

leur aboutissement en 423, avec la chute de Capoue : les populations indigènes installées près de la ville, les rudes Samnites, descendent de leurs montagnes pour occuper la cité qui était la capitale de la dodécapole étrusque méridionale. L'épigraphie est révélatrice : on ne trouve plus à Capoue d'inscriptions étrusques, la nouvelle langue utilisée est l'osque, et bientôt le latin s'imposera.

Les Syracusains convoitent les ressources minières étrusques

La rivalité entre Etrusques et Syracusains ne se limite pas à la seule bataille de Cumes. On retrouve ces derniers lors de deux raids menés en 453 contre la Corse et l'île d'Elbe, c'est-à-dire contre les districts miniers de l'Etrurie. Une fois de plus, la mainmise

La valeur militaire des guerriers samnites – que l'on voit ici sur une peinture funéraire de Paestum datant du IVe siècle av. J.-C. – était reconnue. Les Romains le savent bien, qui subirent le désastre des Fourches caudines et mirent trois guerres samnites (comme il y eut trois guerres puniques) pour les soumettre.

sur les mines et la recherche des métaux sont à l'origine de bien des trafics affectant la Méditerranée. Déjà les Phéniciens, déjà les premiers colons grecs étaient guidés essentiellement par ces motifs. En 384, les Syracusains, sous la tyrannie de Denys l'Ancien, conduisent des expéditions contre ces mêmes régions, et en profitent pour piller au passage le richissime sanctuaire de Pyrgi. Les hostilités ne sont d'ailleurs pas à sens unique. A la fin du Ve siècle, lors de la guerre qui oppose Syracuse à Athènes, les Etrusques – de Tarquinia? – fournissent à cette dernière une flotte – bien modeste au demeurant – de trois pentécontores : la coalition étrusco-athénienne remporte alors un très éphémère succès qui n'empêchera pas le désastre final d'Athènes dans ces opérations de 415-414.

Au déclin des cités maritimes répond la prospérité des régions septentrionales

Les cités maritimes et méridionales, qui jusqu'alors ont dominé le pays subissent de plein fouet le choc de la défaite de Cumes. Outre la raréfaction progressive et la baisse de qualité évidente de la peinture funéraire à Tarquinia après 450, outre l'absence quasi totale de sépultures «riches» à Caere, les constructions d'édifices religieux se ralentissent – critère déterminant pour juger de la santé d'une économie antique. Mais le phénomène le plus spectaculaire est sans doute la chute rapide des importations de vases attiques, après leur arrivée massive sur le sol de cités comme Vulci et Caere dans les décennies précédentes.
En revanche, les cités

Si les récits de batailles auxquelles les Etrusques participèrent sont nombreux, ils ne nous permettent pas toujours de nous faire une idée précise des armées étrusques, car les sources grecques et romaines ont eu tendance à déformer la réalité. Les données archéologiques sont ici prépondérantes : les Etrusques, solidement armés dès l'époque villanovienne (à laquelle appartient le ceinturon, à droite en bas), ont beaucoup emprunté par la suite aux Grecs (par exemple, le casque ci-dessus, trouvé à Todi, datant de 450 av. J.-C.), mais aussi à leurs voisins italiques. Ils auraient même adopté – et transmis aux Romains – non seulement l'armement mais aussi la tactique des hoplites, ces fantassins grecs lourdement armés.

étrusques de la plaine du Pô, Bologne ou Spina, continuent à prospérer. Il suffit de voir au musée de Ferrare les magnifiques cratères à figures rouges pour se rendre compte que le commerce athénien a changé ses voies et peut-être ses buts, mais qu'il n'a pas délaissé l'Etrurie. Ces prodigieuses poteries attiques, qui sont arrivées par l'Adriatique, ont été mises au jour dans les nécropoles de Bologne et de Spina – avec d'ailleurs d'autres objets importés d'Etrurie méridionale, tels de beaux bronzes de Vulci.

La richesse de Spina, qui, avec ses canaux, apparaît comme la Venise de l'Antiquité, se manifeste notamment par l'érection d'un trésor à Delphes : Spina est la seule cité étrusque, avec Caere, à avoir obtenu cet honneur. De fait, si de nombreux Grecs résident là – comme dans tout emporion –, Spina est bien une ville étrusque, comme l'atteste l'épigraphie. C'est par Spina que transitent les chefs-d'œuvre de la production attique, qui rejoignent ensuite Bologne et Marzabotto.

Marzabotto, la ville sans nom

Située sur le fleuve Reno, qui par son travail d'érosion a d'ailleurs fait disparaître une bonne partie de la ville étrusque, Marzabotto, dont le nom antique reste inconnu, doit aussi au fleuve sa fortune. C'était en effet un des principaux gués qui permettaient de relier l'Etrurie tyrrhénienne à Bologne. Marzabotto est le seul véritable exemple d'urbanisme orthogonal connu en Etrurie. Jusqu'à présent, on n'a pas trouvé de place centrale – agora-forum; d'autre part, temples et autels sont placés sur une acropole, nettement séparée de l'habitat. L'influence des systèmes urbanistiques grecs – mis en œuvre en particulier dans les cités coloniales de Sicile – est ici patente, mais l'orientation rigoureuse nord-sud de l'artère principale annonce aussi les

La statuette votive de bronze (page de gauche) a été trouvée à Populonia et date de la première moitié du IVe siècle av. J.-C. : elle représente un guerrier complètement armé avec casque, cuirasse, jambières et bouclier rond (son arme offensive a disparu). Mais ne s'agit-il pas en fait de l'image de Maris (Mars), le dieu de la Guerre ?

types romains. Fondée au début du Vᵉ siècle – ou plutôt refondée, grâce sans doute à des colons venus d'Etrurie septentrionale, après une première phase préurbaine –, la ville sera abandonnée vers 350 au moment des invasions gauloises. En effet, pour l'Etrurie, le danger ne vient pas seulement du sud – de Sicile d'abord, puis de Rome ensuite – mais également du nord : les Gaulois, toujours avides de terres, et qui vont faire de l'Italie septentrionale pour plusieurs siècles la Gaule cisalpine, poussent leurs incursions jusqu'à Rome et prennent la ville en 390. Ils vont, en passant, s'attaquer aux Etrusques, du moins à certaines cités, et ruiner gravement la puissance et l'économie de ces dernières.

L'Etrurie se réduit comme une peau de chagrin, aux deux extrémités de son territoire

Mieux même, les deux adversaires des Etrusques auraient uni leurs efforts : les Gaulois sénons, qui devaient atteindre le Picenum et la côte adriatique, auraient en effet, selon certaines sources, conclu un accord avec Denys l'Ancien de Syracuse, qui allait fonder des colonies à Ancône et Adria, dans les années mêmes où il s'attaquait aussi aux Etrusques de la côte tyrrhénienne. C'en serait bientôt fini de l'Etrurie padane comme c'en était fini de la Campanie.

Par une autre de ces coïncidences suspectes, la cité étrusque de Melpum – près de l'actuelle Milan – aurait été prise en 396 par les Gaulois le jour où les Romains s'emparaient eux-mêmes de Véies.

Cette fois, l'Etrurie va disparaître : le rouleau compresseur romain s'est mis en marche et rien ne pourra l'arrêter. La première civilisation qu'ait

Cette antéfixe à tête de ménade (à gauche) provient du site de Véies. Les œuvres de Virgile (à droite) contiennent de nombreuses allusions à l'histoire et à la civilisation de l'Etrurie, et le poète mantouan a pu utiliser des sources toscanes. Il existait en effet, à côté des livres religieux si importants (la fameuse *disciplina etrusca*), une littérature profane, certes entièrement perdue mais dont nous avons quelque écho. Ainsi y avait-il une littérature historique des *Tuscae historiae*, à caractère surtout gentilice (et dont Claude a pu s'inspirer), et une littérature dramatique. Si le poète tragique Volnius, que mentionne l'écrivain latin Varron, a certainement vécu à une époque récente, on sait en revanche que les débuts du théâtre latin sont liés aux Etrusques (comme les jeux du cirque). Si les acteurs professionnels romains s'appelaient histrions, c'est que *ister*, comme le rappelle Tite-Live, était le mot correspondant en étrusque. Dans l'histoire des spectacles romains, l'influence étrusque a été partout décisive.

connue l'Italie va être absorbée par la petite cité aux sept collines, qui sera bientôt maîtresse d'un empire méditerranéen. En attendant, les Romains doivent patiemment éliminer leurs voisins, au sud les autres peuples latins et les Samnites, au nord les Etrusques.

Cette conquête va durer un siècle et demi environ et connaît trois phases essentielles qu'illustre le devenir de trois grandes cités étrusques : Véies, Tarquinia et Volsinies.

Rome et Véies : le sel et la terre

Avec Véies, la cité étrusque la plus proche de Rome, les hostilités ont commencé dès la naissance de la République romaine. Un facteur économique a dû

L e nom exact de Virgile est en latin Publius Virgilius Maro : ce surnom rappelle les traditions étrusques de sa ville natale, Mantoue. Le nom Maro doit en effet être rapproché de *maru*, qui désignait un magistrat étrusque (sans doute une sorte de questeur).

jouer un rôle essentiel : la domination des salines situées à l'embouchure du Tibre. On a trop tendance en effet à négliger l'importance du sel qui, vital pour l'homme et les animaux, pour la conservation des aliments, a peut-être été le pétrole de l'Antiquité, et qui bien plus tard sera à l'origine de la fortune de Venise.

La question des terres n'est pas absente non plus des préoccupations romaines. Les hostilités ont d'ailleurs débuté comme une guerre de clans, dans laquelle s'est illustrée – tragiquement – l'orgueilleuse famille des Fabii, qui cherchait sans doute à élargir ses fiefs au nord de Rome, et qui fut décimée, avec ses clients, sur les bords de la Crémère, la rivière de Véies, en 477. Le siège final de Véies va durer dix ans, de 406 à 396 : les

À la fin du IVe siècle av. J.-C., les peintures de la tombe François de Vulci exaltant les exploits des plus grands personnages de la ville, les frères Vibenna et leur compagnon Maxtarna (alias Servius Tullius). Parmi leurs adversaires, figure Cneve Tarchunies Rumach, autrement dit un Tarquin de Rome. Cette scène s'inspire du massacre des prisonniers troyens par Achille.

historiens romains parent cet épisode de couleurs épiques et ne manquent pas de faire le rapprochement avec un autre siège plus célèbre, celui de Troie.

Les Romains confisquent au profit de leurs plébéiens le territoire véien. Ils montrent leur habileté en matière de religion, en «évoquant», c'est-à-dire en faisant venir et en accueillant à Rome la principale déesse de Véies – Uni en étrusque, Junon Reine en latin; ils renouvelleront cette opération avec Voltumna, le dieu protecteur de la ligue étrusque, qui prendra à Rome le nom de Vertumnus, et la même chose se produira ensuite à propos de Carthage. Cette capacité d'ouverture et d'assimilation est un des traits typiques du génie romain et une des clés du succès de ce peuple.

La geste de ces héros vulciens prend ici des couleurs épiques; d'autres représentations confirment cette volonté de mythifier les héros. Mais le caractère historique d'un de ces personnages au moins est attesté : en effet, le nom d'Aulus Vibenna est gravé sur une coupe de bucchero du VIᵉ siècle av. J.-C., trouvée dans le sanctuaire «panétrusque» de Portonaccio à Véies.

Caere et Tarquinia : confiance et cruauté

Pendant ce temps, le cœur de Caere penche
– provisoirement du moins – pour Rome : la ville
recueille et protège les vestales et les objets sacrés de
l'Urbs au moment de l'invasion gauloise. Les jeunes
aristocrates romains viennent y faire leurs universités
et, en retour, Rome accorde à Caere un statut
juridique privilégié.

Au milieu du IVe siècle, Tarquinia mène les
hostilités principales contre Rome : une lutte
parsemée d'épisodes cruels, avec en particulier des
exécutions en masse de prisonniers sur les
forums respectifs. Des alliances variées se
constituent et se défont, où l'on
voit aussi intervenir Ombriens,
Gaulois, Samnites. On croit
un moment à un soulèvement
général des Etrusques :
les fresques de la
tombe François de Vulci,

Ce groupe de bronze,
formé de deux
soldats portant un
compagnon mort,
constitue la poignée du
couvercle d'une ciste,
coffret dans laquelle
les femmes rangeaient
leurs affaires de toilette
(miroir, etc.). Pour la
poignée du couvercle, il
fallait trouver un motif
fonctionnel : lutteurs
affrontés, acrobate
faisant le pont.

datant de la fin du IVe siècle, illustrent parfaitement l'idéologie d'une certaine aristocratie hostile aux Romains. Ces derniers sont identifiés aux prisonniers troyens égorgés par Patrocle, cependant que les Etrusques apparaissent alors comme les héritiers des Grecs vainqueurs. En réalité, rivalités entre cités et troubles sociaux internes font une fois de plus l'affaire de Rome, qui peut continuer à grignoter le territoire toscan.

Cette belle tête d'hoplite casqué, en terre cuite peinte, (à gauche) provient du temple de Mater Matura, à Satricum, cité volsque, mais située dans un Latium très nettement étrusquisé. On y a fait récemment des découvertes historiquement importantes : l'inscription de P. Valerius Publicola, l'un des fondateurs de la république romaine.

En 264, il ne reste plus de cité étrusque indépendante

Les Romains désormais ne s'attaquent plus aux seules cités étrusques méridionales et maritimes. A la fin du IVe siècle, les troupes romaines passent à travers la forêt ciminienne – près de Viterbe –, réputée infranchissable, et pénètrent dans l'Etrurie intérieure tibérine : après une intervention à Arezzo en 302 pour soutenir la gens des Cilnii – la famille de Mécène –, elles attaquent finalement Vulci et Volsinies. En 280, un triomphe est célébré par le consul Tiberius Coruncanius pour une victoire sur ces deux cités.

En 265-264, c'est l'acte final qui se greffe sur un fond de très graves conflits sociaux et politiques. Les esclaves ayant apparemment conquis l'essentiel du pouvoir à Volsinies, les aristocrates, comme ceux d'Arezzo, font appel à Rome... qui règle la question à son profit : la population survivante est transférée à Bolsena, au bord du lac, sur un site beaucoup moins facile à défendre. Le sanctuaire fédéral du Fanum Voltumnae est pillé – deux mille statues auraient été rapportées à Rome. «Acta est fabula», la pièce est jouée : Rome est le seul protagoniste, il ne lui reste plus qu'à faire de tous ces Etrusques d'«excellents Romains».

Les sources antiques, grecques et romaines, animées par des motifs politiques ou économiques, nous offrent des Etrusques une image partisane : peuple aux mœurs étranges, aux origines douteuses, religieux à l'extrême, pirate à l'occasion, adonné à tous les plaisirs et offrant de surcroît à la femme un statut exceptionnel. Mais les Etrusques eux-mêmes ont conservé dans leurs tombes la mémoire d'une civilisation raffinée. Travail, habitations, habillement, banquets, sports et jeux, danse et musique, c'est la vie quotidienne qui rétablit la vérité.

CHAPITRE V

LES ETRUSQUES AU QUOTIDIEN

A côté des grandes festivités, les Etrusques aimaient aussi des loisirs simples, comme le jeu des dés.

Les Etrusques étaient d'abord des gens qui travaillaient dans des champs, des ateliers, des mines, des ports. Il nous reste bien sûr des traces de ces activités : les kilomètres de cunicules creusés dans le tuf de l'Etrurie méridionale montrent les efforts déployés par les ingénieurs pour conquérir et préserver des terres agricoles. Les amphores et divers conteneurs en céramique – sur lesquels on peut lire parfois le nom gravé d'un artisan – nous rappellent qu'il existait bien des paysans voués à la viticulture et à l'oléiculture, et des potiers qui avaient atteint une technique reconnue. Ces artisans spécialisés apparaissent en même temps que le fait urbain, alors qu'auparavant,

Le Ponte Sodo, à Veies, est l'une des plus belles réalisations de l'hydraulique étrusque.

par exemple aux IXe et VIIIe siècles, la céramique est l'apanage des femmes, dans le cadre domestique. Certains bronzes magnifiques, travaillés entre autres à Vulci et exportés bien au-delà des Alpes, nous révèlent que ces artisans méritaient peut-être déjà le nom d'artistes.

Cette amphore à vin (à gauche), datant du début du VIe siècle, porte l'inscription peinte «mi larthialé mélacinasi mulu», qui signifie «j'ai été donnée [à ou par] Larth Mélacina». Le groupe de bronze, l'Aratore, d'Arezzo, évoque les travaux des agriculteurs étrusques.

Un cadre de vie mal connu

Il nous est presque impossible de dire comment ces gens, de niveau moyen ou modeste, vivaient et surtout où ils vivaient. Pendant longtemps, nous n'avons presque rien su de leur cadre de vie, de la maison étrusque. Les tombes, imitant certes les maisons des vivants, ne fournissaient pas toutes les réponses. Seule certitude, une habitation «en dur», avec fondations et soubassements en pierres ou galets de rivière, murs en pisé ou en briques crues et toit de tuiles, a succédé, à partir du VIIe siècle, aux cabanes semblables à celles de Romulus sur le Palatin.

La ville de Marzabotto, près de Bologne, a révélé que les Etrusques avaient adopté le plan d'urbanisme orthogonal, vers 500 av. notre ère, à l'imitation sans doute des colonies grecques de Sicile. On découvre, à l'intérieur des îlots, des unités d'habitation présentant *atrium* et *tablinum*, ces deux pièces typiques de la *domus* romaine.

La situation archéologique évolue rapidement et les fouilles se multiplient sur les sites urbains. Cela a d'abord été le cas pour des centres secondaires d'Etrurie méridionale, San Giovenale ou Acquarossa par exemple, puis pour les centres majeurs comme Tarquinia ou Cerveteri. Bientôt différentes formes d'habitat domestique nous seront mieux connues.

Le plan d'une maison de la ville de Marzabotto, dont on voit ci-dessus un îlot, met en évidence l'organisation de la demeure autour de l'*atrium*, dont la fonction principale, outre de donner de la lumière aux pièces qui l'entourent, est de recueillir les eaux de pluie. Sur ce relevé archéologique, le tracé des toitures inclinées qui rassemblent les eaux vers le centre de l'*atrium*, le *compluvium* a été reconstitué en pointillés. Parmi les diverses formes d'atrium, on distinguait, selon Vitruve, un «*atrium tuscanicum*», ou atrium toscan. Tout cela suggère bien une influence étrusque sur le plan de la maison romaine traditionnelle, de même que la fondation des villes se faisait selon des rites étrusques.

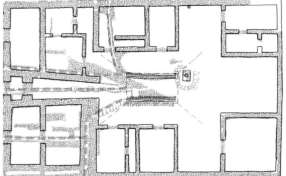

Cette urne de Chiusi, avec ses colonnes à chapiteaux éoliques, sa porte en plein cintre, sa galerie et ses bossages, fait déjà penser à un *palazzo* de la Renaissance florentine. Elle évoque bien en tout cas une demeure seigneuriale de l'époque hellénistique, beaucoup plus récente que le palais de Murlo dont une première phase remonte au VIIᵉ siècle (ci-dessous, en sépia). Au VIᵉ siècle, c'est un édifice de 60 m de côté environ, avec trois portiques sur la cour intérieure et une chapelle sur le quatrième côté.

On fouille aujourd'hui un village du VIᵉ siècle, sur les bords du lac de l'Accesa près de Massa Marittima, qui doit être celui où habitaient ingénieurs et ouvriers exploitant les mines toutes proches.

Les grandes résidences

Mais, malgré ces progrès, ce sont encore les «palais» que nous connaissons le mieux. Les fouilles américaines du Bryn Mawr College ont ainsi mis au jour, dans les deux décennies qui viennent de s'écouler, à Poggio Civitate (Murlo), à 25 kilomètres de Sienne, une résidence seigneuriale qui, après une première phase et une destruction, a connu son plein épanouissement au début du VIᵉ siècle.

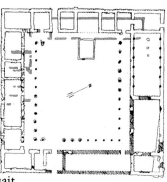

Ce «palais» aristocratique, qui, à la fin du VIᵉ siècle disparaît avec la montée en puissance de la cité de Chiusi, avait été interprété comme un sanctuaire. Mais on sait aujourd'hui que les édifices religieux n'étaient pas les seuls à bénéficier d'une décoration architectonique en terre cuite. Les fouilles d'Acquarossa ont bien montré que des édifices laïcs et même de simples maisons étaient pourvues d'antéfixes, de tuiles peintes, de plaques, à motifs parfois mythologiques – Hercule et le lion de Némée par exemple – et cela depuis le VIIᵉ siècle. Les reliefs de terre cuite ont aussi l'intérêt de nous apporter beaucoup d'informations sur les

vêtements ou la coiffure et les objets usuels; les informations portent aussi sur le mobilier : ainsi les «notables» sont-ils souvent assis sur un tabouret pliant, qui n'est autre que la future *sella curulis*, la chaise curule des plus hauts magistrats romains. Cette allusion nous rappelle que la plupart des insignes de la souveraineté ont été transmis aux Romains par les Etrusques, au moment de leur présence sur le trône de l'Urbs : consuls, triomphateurs, «éditeurs» des jeux s'offriront pendant des siècles à la vue du *populus romanus* dans l'appareil impressionnant du pouvoir étrusque : toge pourpre, tunique brodée, sceptre, faisceaux, dont on croit avoir retrouvé un exemplaire à Vetulonia.

Banquets et cuisines

Le banquet est le motif le plus fréquent sur les fresques tombales;

On a retrouvé à Murlo des plaques de terre cuite moulée, formant frise, qui revêtaient le haut des murs en pisé. Ces plaques représentent quatre motifs en relief : un banquet, une procession avec un chariot, une course de chevaux montés par des «jockeys» et une assemblée de personnages (ci-contre). Objets de luxe, au décor raffiné, les cuillers en os (ci-dessous), ne pouvaient appartenir qu'à la classe aisée, c'était peut-être le cas des notables de Murlo, assis sur leurs chaises curules. A gauche, les préparatifs d'un riche banquet sur une fresque d'Orvieto.

il avait pour but de mettre en valeur le statut social, la richesse de la famille titulaire de la tombe. Et ce sont à vrai dire surtout des *symposia*, où l'on se contentait de boire principalement du vin – boisson de luxe. Il est par ailleurs bien difficile de repérer les aliments consommés par les participants.

Parfois, à titre exceptionnel, comme à Orvieto, les peintures nous font pénétrer dans les cuisines d'une maison aristocratique, où une armada de domestiques s'apprêtent, qui à découper un bœuf entier, qui à faire cuire quantité de gibier, qui à

Cette petite «dinette» de *bucchero*, céramique typique de Chiusi, était destinée à un défunt, qui avait encore besoin de ses objets usuels pour mener sa vie ralentie dans l'au-delà. Les joyeux banqueteurs de la tombe des Léopards (ci-dessus) devaient plutôt utiliser de la vaisselle métallique, comme cette «gourde» en bronze de Vulci (à droite, en haut). Tout ici évoque le luxe et la volupté : la grâce des serviteurs, la richesse des manteaux bariolés et les couvertures de laine aux motifs écossais.

pétrir la farine pour des pains ou des gâteaux. Grâce aux trouvailles archéologiques ou aux stucs peints de la tombe des Reliefs à Caere, nous pouvons connaître à peu près la «batterie de cuisine» dont disposait la ménagère étrusque. Les fresques funéraires nous font découvrir des services à vin très complets, avec des cratères, des œnochoés, des coupes, des canthares, en bronze parfois, mais surtout en céramique, depuis le *bucchero* du VIᵉ siècle jusqu'aux vases à vernis noir de l'époque hellénistique.

De la «tebenna» à la toge

En ce qui concerne la «mode», de la coiffure comme des vêtements, il faut prudemment tenir compte des évolutions chronologiques. Ainsi, bien que l'Apollon de Véies ait encore des tresses blondes qui lui tombent sur les épaules, les hommes commencent à porter les cheveux courts vers la fin du VIᵉ siècle. Les femmes, elles, sont longtemps fidèles à une sorte de bonnet plus ou moins conique, le *tutulus*.

En examinant les chaussures, on ne peut manquer d'être frappé par l'aspect exotique des *calcei repandi*, ces souliers à la poulaine dont la pointe relevée revient si souvent sur les peintures ou les sculptures de terre cuite, à l'époque archaïque; mais certains brodequins sont promis à un plus brillant avenir, puisqu'ils deviendront l'apanage des sénateurs romains eux-mêmes.

Dans ce registre des vêtements étrusques, depuis le pagne, ou *périzoma*, tout à fait fonctionnel, de l'esclave ou de l'athlète, jusqu'à la robe brodée de Vel Saties à Vulci, c'est le manteau arrondi souvent lancé sur les épaules de personnages de haut rang par-dessus leur tunique, qui est le plus fréquent :

Les personnages de la plaque de terre cuite «à l'assemblée» du palais de Murlo ont une coiffure qui évoque la perruque à étages des magistrats anglais; comme on le voit très bien en comparant maîtres et serviteurs, l'importance de la perruque correspond au statut social.

cette *tebenna* – mot bien étrusque – aboutira, par allongements successifs, à la toge, vêtement par excellence du citoyen romain. L'Arringatore porte encore une toge courte (*exigua*) mais ce vêtement va prendre de l'ampleur avant la fin du Ier siècle et devenir même quelque peu incommode, à tel point que les citoyens romains auront tendance à l'oublier, quand ils se rendront sur les gradins surchauffés du cirque : les empereurs traditionalistes sauront alors les rappeler à leur devoir.

Scènes funéraires, comme cette procession sur une urne d'albâtre de Volterra, ou statuettes de divinités permettent de saisir certains traits du vêtement étrusque féminin. Quant à cette boucle de ceinturon en bronze, ci-dessous, elle est décorée d'un motif de pugilat, sport favori des Etrusques. Les boxeurs s'affrontent, poing levé, par dessus un trépied qui est le prix du combat. Ils sont vêtus d'un pagne, contrairement à leurs homologues grecs, nus.

66 La réputation des aulètes étrusques a conquis le monde : un philosophe athénien du début du IIIe siècle, qui aimait trop la flûte, fut affublé du surnom moqueur de «Tyrrhenos». Surtout, Rome prit très tôt l'habitude de faire venir d'Etrurie les *subulones* indispensables à la célébration rituelle des sacrifices auxquels ils préludaient par un air de flûte. Ils constituaient dans la Ville un collège très jaloux de ses droits et qui se réservait le monopole de son art. Un jour, à la fin du IVe siècle, ils firent grève et, parce qu'on leur avait supprimé un banquet traditionnel au Capitole, se retirèrent à Tibur (Tivoli).**99**

Jacques Heurgon

L'omniprésence de la musique

La musique était partout présente en Etrurie, et on a pu écrire que ce qu'il y avait de plus difficile à trouver dans une ville étrusque, c'était… le silence. Les flots de musique qui montent encore aujourd'hui de toutes les maisons et de toutes les places des bourgades toscanes, dans la chaleur des soirs d'été, en donnent bien l'atmosphère. Certains historiens grecs n'ont pas hésité à voir là, non sans médisance, une autre preuve de cette mollesse, de cette «truphê» étrusque souvent dénoncée par eux – à l'instar de celle des Sybarites. Certes, en Grèce aussi, les sacrifices se faisaient en musique, et les aulètes – joueurs d'«auloi», sorte de

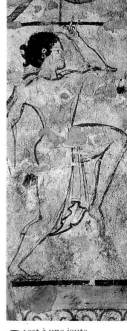

flûte – jouaient aussi à la palestre et au stade. Mais les Grecs – et le grave Aristote lui-même en témoigne – semblaient choqués de voir les Etrusques faire appel à l'accompagnement musical pour fouetter les esclaves, pétrir le pain ou boxer. Pourtant, il est clair que les auloi ou *tibiae* ne servaient qu'à rythmer ces différentes activités et ne les adoucissaient nullement. Les accents musicaux, surtout lorsque les deux tuyaux étaient très écartés, étaient suffisamment rauques pour obtenir un tel résultat.

Les tibiae étaient aussi un instrument de la fanfare militaire, comme les différents types de trompettes, que les Etrusques ont léguées à Rome : longue trompette droite (*tuba*), trompette à l'extrémité recourbée et au pavillon évasé, que les Latins appellent *lituus*, comme le bâton des augures, de forme semblable.

Danseurs, acteurs ou boxeurs ?

Mais la principale association que l'on constate sur les fresques ou les bas-reliefs, est bien sûr celle de la musique et de la danse. Ici, le citharède répond à l'aulète, et c'est une ronde incessante de danseurs et de musiciens des deux sexes, aux habits de couleurs chatoyantes : les peintures et les sculptures pérennisent en quelque sorte l'efficacité rituelle des danses. Maîtres et domestiques, amateurs ou professionnels font preuve d'une agilité reconnue : on admire les gestes des mains des danseuses.

Nous avons la preuve que les «Lucumons» se devaient d'entretenir une troupe de ces artistes merveilleusement doués. Dans l'anecdote déjà citée du roi de Véies en 403 av. notre ère, celui-ci, ô sacrilège, avait retiré en plein festival du Fanum Voltumnae sa troupe d'«artifices», comme dit Tite-Live,

C'est à une joute musicale que l'on assiste sur cette situle (seau de bronze) de la Certosa à Bologne (en haut). Ici se mêlent influences étrusques et réalités locales, comme les curieux chapeaux de Basile des musiciens.

et par là il faut entendre des athlètes, des jongleurs, des danseurs et des acteurs (la distinction entre ces deux catégories est un peu floue).

Beaucoup de ces danses sont des danses libres, ne reposant sur aucun argument, mais il y avait aussi des danses armées, et des chorégraphies exécutées à partir d'un thème parfois mythologique. On a pu identifier aussi, sur un relief en pierre de Chiusi, un véritable «ballet de boxe», avec trois personnages s'avançant vers la gauche, sous la direction d'un aulète et dans une attitude typique de pugilistes, le poing fermé en arrière de la tête. Ce choix est aussi révélateur de la passion de ce peuple pour le pugilat et peut être finalement est-ce là qu'il faut chercher l'explication de ce mépris grec pour la boxe étrusque en musique : les auteurs helléniques croyaient ou feignaient de croire que tous les pugilistes étrusques se contentaient de sauter

Ce couple de la tombe des Lionnes est engagé dans une danse bachique : la femme qui joue des castagnettes est vêtue d'une tunique de lin transparente, l'homme est entièrement nu. Le «Phersu fuyant» de la tombe des Augures (à droite), avec son masque et sa barbe postiche, est à la fois danseur et boxeur : il a une main ouverte en garde et un poing fermé prêt à frapper. On aimerait lui appliquer la formule de Jean Cocteau qui qualifiait les boxeurs de «danseurs qui tuent».

avec grâce et en rythme! Une autre image frappante est celle de danseurs déguisés en Satyres et de danseuses transformées en Ménades. Tout cela figure sans doute un ballet de l'Enlèvement aux accents dionysiaques, où les Ménades finiront emportées sur les épaules des Satyres. Mais tous ces personnages déguisés et masqués nous renvoient surtout à un autre univers qui est celui du théâtre italique antique.

Aux origines du théâtre romain

C'est toujours Tite-Live qui, au début du livre sept de ses *Histoires*, nous raconte l'origine des *ludi scaenici*, des jeux scéniques à Rome. C'était en 364 avant notre ère et la ville connaissait une fois encore une de ces «pestes», en fait des épidémies de malaria, qui devaient ravager la population lors des premiers siècles de la République. Il fallut faire appel, pour apaiser les dieux irrités, à un rite nouveau, à une «superstition étrangère». On fit donc venir – d'Etrurie! – des ludions, danseurs dont Tite-Live nous avoue qu'ils ne manquaient pas de grâce dans leurs évolutions, bien qu'il n'y ait pas de chant, pas d'argument pour leur ballet. Ceci fait immédiatement penser aux danseurs étrusques à la bouche close des fresques de Tarquinia.

Tels furent les modestes débuts du théâtre romain, qui devait prendre plus tard, comme sans doute le théâtre étrusque lui-même, dont il ne nous reste rien, un aspect plus «littéraire», mais qui restera finalement toujours pour l'essentiel un spectacle de danse. Cet épisode, peut-être destiné aussi à exalter artificiellement les origines simples et austères de Rome, a l'intérêt de mettre l'accent sur le caractère profondément religieux de tous ces jeux, en Etrurie comme à Rome. L'Etrurie nous aura enfin légué un nom, celui d'histrion, qui doit nous rappeler que les Etrusques n'ont pas été pour rien dans l'histoire du théâtre européen.

Tous les Etrusques n'avaient pas la fortune nécessaire pour offrir des jeux athlétiques – avec des compétitions de lutteurs – ou des jeux scéniques, lors des funérailles d'un de leurs parents. On peut penser que les petits masques de terre cuite déposés parfois dans les tombes

servaient en quelque sorte d'ersatz : ainsi le mort n'était-il pas totalement privé de l'efficacité de ces rites de passage.

Des jeux sportifs

Avant les jeux scéniques, Rome ne connaissait
que les jeux du cirque, ces *ludi circenses* qui
comprennent pour l'Italie antique aussi bien des
épreuves athlétiques que des épreuves hippiques;
ceux-là aussi sont marqués d'une forte empreinte
étrusque. L'Étrurie avait surtout aimé au départ les
sports de combat, boxe et lutte, pugilat qu'elle avait
une façon bien à elle de pratiquer. Vers la fin du
VIᵉ siècle, des compétitions plus proprement
helléniques, comme les lancers du disque et du

javelot ou le saut en longueur, font leur
apparition dans le monde des jeux
étrusques, et l'on se demande même
si les Etrusques n'ont pas tout
simplement adopté le pentathlon
grec qui comprenait aussi lutte
et course du stade, une épreuve
de sprint sur 180 m environ.
Cette dernière remarque ne
doit pas nous laisser affirmer
comme certains que l'Etrurie a, en
ce domaine, tout copié sur la Grèce,
et qu'elle se serait contentée
d'imiter le modèle olympique,
aussi frappant qu'il ait été. Ainsi
les Etrusques n'ont-ils pas
systématiquement reproduit la

C'est le moment
des récompenses.
Après les compétitions,
les danseurs armés
et les athlètes – qui
utilisent comme en
Grèce le strigile (en
haut) pour ôter de leur
peau la gangue d'huile,
de boue et de sueur –
viennent chercher
leur prix, ici des outres
de vin placées sous
l'estrade. Sur celle-ci,
les juges aux longs
bâtons recourbés
conversent entre eux,
cependant qu'un scribe
tient à jour la liste des
vainqueurs. A gauche,
une scène de lutte.

fameuse nudité des athlètes grecs. Plus soucieux des réalités sportives et des contingences physiologiques, ils ont muni leurs propres athlètes de ceintures qui ne sont pas très éloignées d'un moderne suspensoir. Quant aux conditions sociales, elles étaient radicalement différentes : les sportifs toscans n'étaient pas des éphèbes appartenant à la classe dirigeante, comme c'est souvent le cas dans l'Athènes du VIe et du Ve siècles, mais bien des professionnels, sans doute d'origine servile au départ, et qui pouvaient, comme plus tard les auriges romains, obtenir, grâce à la faveur de leurs maîtres, un statut plus favorable. Ces «jeux», dans une perspective étrusque (et romaine) sont et resteront d'abord un spectacle.

Une des plaques du palais de Murlo représente une course de chevaux montés à cru par des jockeys dont la cape vole au vent. Le prix du vainqueur est un grand chaudron placé sur une colonnette. Nous sommes là tout près de Sienne, et cette scène fait penser au célébrissime Palio dont les origines sont cependant beaucoup plus récentes.

Les courses de chevaux

Les Etrusques ont pratiqué les courses de chevaux montés par des jockeys, comme nous le voyons à Murlo, mais ils semblent avoir abandonné rapidement cette épreuve, trop simple et trop banale peut-être à leurs yeux, pour la remplacer par des compétitions de cavaliers voltigeurs. Ceux-ci sautaient à bas de leur monture pour disputer à pied la dernière partie de la course, ou sautaient d'un cheval sur l'autre, à chaque tour de piste, et les *desultoris* romains ne feront là aussi que reprendre la flambeau de leurs prédécesseurs toscans.

   A côté de ces épreuves, ce sont évidemment les courses de chars, biges ou triges (attelés à deux ou trois chevaux) qui seront le clou des compétitions. Les artistes étrusques ne manqueront pas, comme le feront plus tard les mosaïstes romains, de mettre l'accent sur les chutes retentissantes qui devaient se produire régulièrement, avec des conséquences sans doute mortelles. Les Romains reprendront aussi les courses de triges que ne connut jamais l'Aurige de Delphes. On le comprend à ces quelques exemples, les spectacles romains doivent beaucoup à l'Etrurie.

Des spectacles rustiques

Les archéologues n'ont pas mis au jour de vestiges qui puissent être ceux d'un stade, d'un cirque ou d'un théâtre étrusques. En réalité, tous

ces spectacles se déroulaient en pleine campagne, par exemple près des nécropoles lorsqu'il s'agissait de jeux funéraires. Quelques aménagements provisoires étaient suffisants. C'étaient surtout des tribunes de bois pour les spectateurs les plus importants, dont une fresque de Tarquinia nous offre une précieuse image. Stade ou cirque de campagne, c'est un cadre qui correspond bien à l'impression qui se dégage à la vue de ces festivals étrusques. On se croirait au Moyen Age – là aussi les «mystères» étaient censés lutter contre les épidémies, comme les jeux scéniques étrusco-romains – et pourquoi pas dans une petite cité italienne de Toscane, à Pienza ou San Giminiano, où les légendes et la prononciation gardaient – peut-être – quelque chose de l'antique Etrurie. On cherche un Etrusque, a écrit Jacques Heurgon, et bien souvent on tombe sur un Italien...

E n décrivant les jeux étrusques, on a pu parler de «fêtes paysannes», et c'est bien ce qu'évoquent ces bateleurs, ces jongleurs, ces équilibristes, ces tireurs à la corde, ces bouffons, ces jeunes garçons montant à un mât de cocagne – un jeu encore très en vogue dans certains bourgs de Toscane – tout cela sur un fond musical assourdissant. On voit ici une scène de cirque, au sens moderne du terme, tirée de la tombe des Jongleurs fouillée récemment. Un comparse essaie de toucher avec ses anneaux la flamme d'un candélabre.

L e consul Varron, vaincu à Cannes par les Carthaginois d'Hannibal, s'adresse à ses alliés : «Nous n'avons pas à lutter contre le Samnite ou l'Etrusque, auquel cas le pouvoir qui nous serait enlevé resterait cependant en Italie...» Même s'ils parlent une langue étrange, même si les guerres livrées contre eux ont été cruelles, les Etrusques sont bien un peuple italique. Auguste peut faire sans peine de l'Etrurie sa VIIe région de l'Italie.

CHAPITRE VI
LA ROMANISATION :
DES ZILATH AUX DUUMVIRS

S i les jumeaux ont été ajoutés à la fin du XVe siècle par Antonio Pollaiolo, la louve capitoline, elle, est un bronze étrusque du Ve siècle av. J.-C. Rome a vaincu l'Etrurie, mais celle-ci lui a légué son mythe fondateur.

Il est difficile de présenter le processus de romanisation sans parti pris. D'un côté – malgré la «déportation» des Volsiniens –, les Romains font preuve d'une certaine générosité. Ils laissent par exemple aux cités étrusques leur liberté, ou tout au moins leur autonomie interne, ne leur imposent pas, comme ils le feront plus tard pour Carthage, un lourd tribut, ne cherchent pas à éradiquer d'emblée les coutumes, la religion ni surtout la langue étrusque. Mais d'un autre côté, cette liberté laissée aux cités étrusques n'est-elle pas formelle ? Certes, Rome ne met pas en place tout de suite et partout un réseau serré de colonies, afin de capter à son profit les terres de l'ennemi qui deviennent alors *ager publicus*. Dans la colonie de Cosa, sur le territoire de Vulci, en 273, plus de quatre mille citoyens de Rome et du Latium seront installés (cette colonie avait peut-être un but essentiellement militaire : il s'agissait de surveiller la mer et en particulier les possibles incursions carthaginoises). Un peu plus tard, le territoire de Caere – confisqué par Rome pour moitié – voit l'installation de quatre colonies maritimes, dont une à Pyrgi. Au IIe siècle, le mouvement continue : ainsi, en 181, une colonie romaine est-elle «déduite» à Gravisca, le port de Tarquinia. Par ailleurs, les cités d'Étrurie, dites désormais «fédérées»

Cette tête votive masculine, en terre cuite polychrome, a été découverte dans le temple du Manganello à Cerveteri ; elle date des années 300 av. J.C. Des têtes semblables se trouvent en grand nombre dans les dépôts votifs, à côté des différents organes du corps humain, que l'on espérait voir guérir grâce à l'intervention de la divinité. La tête de Tinia (ci-dessous), le Zeus étrusque, provient d'un des nombreux temples d'Orvieto, qui fut la «capitale» de l'Étrurie et la dernière cité à résister à Rome.

(alliées), doivent fournir des soldats à Rome, contribuant ainsi aux menées impérialistes de leur vainqueur… et à leur propre romanisation.

Une politique efficace

Cette politique romaine n'est pas un échec, puisque l'Etrurie reste fidèle lors de la seconde guerre punique, malgré tous les efforts d'Hannibal pour tenter de rallier ces populations fraîchement soumises à l'Urbs. On sait d'ailleurs qu'en 205 les cités étrusques contribueront avec empressement à l'expédition de Scipion sur les terres de Carthage; les moyens fournis par les différentes villes nous permettent de connaître un peu les ressources de chacune.

Contrairement à ce que l'on observe au moment de la naissance de la nation, c'est désormais l'Etrurie intérieure et septentrionale qui est la plus riche. Dans les contributions offertes à Scipion pour armer sa flotte, Pérouse et Chiusi se détachent, mais plus encore Arezzo avec ses métaux, ses armes, ses instruments agricoles et ses cent vingt mille boisseaux de froment. Quant à Volterra, elle livre à cette occasion du bois pour les navires.

L'Etrurie maritime, si elle n'est pas encore cette Maremme insalubre que décriront les voyageurs au cours des siècles, est cependant en plein déclin : pour l'heure, elle se caractérise, comme le montrent bien les fouilles récentes, par ses grandes propriétés, les *villae* peuplées d'esclaves étrangers, que les guerres de Rome font affluer en Italie. C'est ce tableau qui frappera Tiberius Gracchus, un jour de l'année 137, alors

Les représentations dionysiaques sont très fréquentes en Etrurie à partir du Ve siècle av. J.-C. (telle la statuette ci-contre et celles de la page suivante). Il ne fait guère de doute qu'un culte ait été très tôt rendu à Fufluns, nom étrusque de Dionysos dont l'origine est controversée. Mais on sait que le Dionysos grec est aussi qualifié de «Bakchos» et ce mot est devenu en latin le nom principal du dieu Bacchus. Or, l'équivalent, Pacha, existe en Etrurie à l'époque hellénistique, précisément au moment où ce culte commence à prendre, aux yeux des Romains tout au moins, des aspects inquiétants. Les inscriptions confirment l'importance de ces cérémonies bacchiques. On connaît un grand notable de Tarquinia qui a été préteur de la ligue étrusque et *marunuch pachanati* («questeur (?) dans le lieu de Bacchus») et un personnage de Tuscania qui a été *maru pachathuras* («questeur des Bacchants»).

qu'il circule sur la voie Aurelia, et qui le poussera à mettre en œuvre une grande réforme agraire, destinée à recréer ce corps de citoyens paysans-soldats, qui avait fait la grandeur de l'Urbs.

Avec les succès militaires des Romains, la prospérité économique déferle sur l'Italie du IIe siècle : les dirigeants étrusques en profitent et Rome continue à s'appuyer sur eux pour tenir le pays. Mais il n'est pas certain que toutes les classes réagissent de la même façon : même si les sources – romaines entre autres – restent discrètes à ce sujet, on sait qu'une révolte servile d'envergure éclate en 196. En 186, c'est l'affaire des Bacchanales, durement réprimée par le sénat : l'Etrurie y joue un rôle de premier plan, sans qu'on puisse bien démêler les aspects politiques des aspects proprement religieux. A Bolsena, les fouilles françaises ont mis au jour un remarquable ensemble cultuel souterrain, de caractère dionysiaque, qui montre bien l'impact de cette religion en Etrurie à la fin du IIIe et au tout début du IIe siècle.

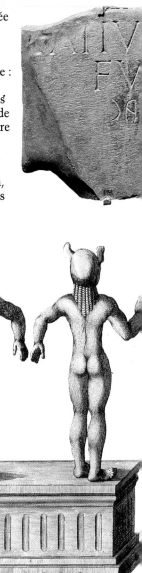

Les différentes voies de la romanisation

Avec les années, la romanisation fait son chemin, si l'on peut dire… puisque la construction de routes en est un élément essentiel, sur le plan militaire comme sur le plan économique – on peut citer les voies Aurelia, Cassia, Clodia. Les élites locales obtiennent à titre individuel la citoyenneté romaine et retrouvent les plus hautes charges, qu'elles exerçaient lorsque l'Etrurie était indépendante : en 130 avant notre ère, Marcus Perpenna – au nom typiquement toscan – obtient le consulat.

L'Etrurie du Ier siècle suit désormais les soubresauts de la République romaine. Après la «guerre sociale», en 91-88, Rome lâche du lest en voyant l'ensemble des Italiques se rebeller contre elle – comme deux siècles

Cette inscription d'époque augustéenne, connue sous le nom de «bilingue de Pesaro», est la seule inscription étrusco-latine qui ne donne pas seulement le nom du défunt; elle indique aussi quelle fut son activité : NETSVIS TRUTNVT FRONTAC = HARUSPEX FULGURIATOR («haruspice et interprète des foudres»). Mais le sens exact des mots étrusques est, aujourd'hui encore, très controversé : ce qui montre une fois de plus qu'une inscription bilingue ne résout pas tous les problèmes (ainsi, FRONTAC est peut-être un nom géographique et signifierait alors «l'homme de Ferentum»). On sait en tout cas que les haruspices continuèrent à jouer pendant longtemps un rôle important : un ordre des soixante haruspices fut d'ailleurs organisé sous l'empire à Tarquinia d'abord, à Rome ensuite.

auparavant, elle avait dû affronter à Sentinum une première coalition formée d'Etrusques, d'Ombriens, de Samnites et de mercenaires gaulois. Les habitants libres d'Etrurie obtiennent donc, comme tous les autres peuples d'Italie, le droit de citoyenneté complet par la loi Papiria Plautia.

Mais dans le conflit sanglant qui oppose Marius à Sylla, les Etrusques se rangent majoritairement aux côtés de Marius. Ils le paient durement, en particulier les villes de Volterra et de Populonia qui subissent un siège meurtrier. Selon un processus qui va se renouveler souvent dans les décennies suivantes, Sylla installe ses vétérans à Chiusi, Arezzo, Fiésole, comme le feront César et Auguste. Tout cela accélère bien sûr le brassage entre les cultures étrusque et romaine. La seconde est désormais largement dominante en cette deuxième moitié du Ier siècle : toutes les villes étrusques, devenues municipes, ont des magistrats aux noms romains – duumvirs, édiles, etc.–, le temps des zilath et des *maru* est révolu, la langue étrusque n'est plus guère écrite, c'est bientôt toute l'aristocratie étrusque qui va s'intégrer dans l'ordre sénatorial. Horace se souviendra certes que Mécène est le descendant de lucumons d'Arezzo, mais celui-ci a choisi d'être le bras droit du premier empereur de Rome. Dès lors, la civilisation étrusque appartient aux étruscologues.

TÉMOIGNAGES
ET DOCUMENTS

Les sources antiques

L'historien latin Tite-Live, qui écrivait à la fin du Ier siècle av. J.-C. est, avec Denys d'Halicarnasse, notre principale source sur les rois étrusques de Rome (614-509). Dans son récit de l'arrivée à Rome du futur Tarquin l'Ancien, on voit le rôle de premier plan que joue la femme de celui-ci, Tanaquil.

T ite-Live

XXXIV. Sous le règne d'Ancus, un personnage entreprenant et puissamment riche, Lucumon, vint s'établir à Rome, poussé surtout par le désir et l'espoir d'occuper le poste important auquel il ne lui avait pas été permis de prétendre à Tarquinies : car là aussi il n'était qu'un étranger. Il était fils de Démarate de Corinthe. Son père, chassé de sa patrie par des troubles politiques[1], était venu échouer à Tarquinies, s'y était marié et avait eu deux fils, Lucumon[2] et Arruns. Survivant à son père, Lucumon hérita de tous ses biens, tandis qu'Arruns mourait avant son père, laissant sa femme enceinte ; et le père, qui ne survécut pas longtemps à son fils, et, en mourant ignorait la grossesse de sa bru, n'avait pas songé à son petit-fils dans son testament ; ainsi l'enfant, né après la mort de son grand-père et n'ayant rien à attendre de son héritage, reçut, en raison de son dénûment, le nom d'Égérius. Par contre, chez le légataire universel, Lucumon, l'orgueil que lui donnaient déjà ses richesses s'accrut encore par son mariage : sa femme, Tanaquil, était de haut parage et ne pouvait admettre que son mariage la fît déchoir du rang où elle était née. Le dédain des Étrusques pour Lucumon, fils d'un exilé, d'un réfugié, était pour elle une honte insupportable ; aussi, au mépris de cet instinct qui nous attache à la patrie, et pour voir son mari dans les honneurs, elle résolut d'abandonner Tarquinies. Rome faisait tout à fait son affaire : « chez ce peuple neuf, où toute noblesse se gagnait vite et par le seul mérite, il y avait place pour un homme brave et entreprenant. Un des rois précédents, Tatius, était Sabin ; on était allé chercher, pour le faire roi, Numa à Cures ; Ancus avait une Sabine pour mère et comme portrait d'ancêtres[3] juste celui de Numa ». Elle n'a pas de peine à persuader cet ambitieux pour qui Tarquinies n'était que la patrie de sa mère, et avec tout leur avoir ils partent pour Rome. Voilà que, quand on arriva au Janicule, Lucumon, assis sur son chariot à côté de sa femme, un aigle descend légèrement en vol plané et lui enlève son chapeau ; puis, tout en

agréable à tous ceux qu'il pouvait par son abord affable, par sa table accueillante, par ses services ; si bien que sa réputation parvint jusqu'au palais du roi, simple bruit qu'il ne tarda pas, en faisant au roi une cour à la fois digne et adroite, à transformer en une amitié étroite ; au point que, dans les affaires publiques ou privées, civiles ou

voltigeant au-dessus du chariot avec de grands cris, et comme s'il remplissait une mission divine, il le lui replace exactement sur la tête ; après quoi il reprit son essor[4]. Tanaquil accueillit, dit-on, ce présage avec joie, car elle avait la science, répandue en Étrurie, des prodiges célestes. Elle engage son mari en l'embrassant à concevoir de grandes et hautes espérances « d'après l'oiseau qui est venu, la région du ciel d'où il vient, et le dieu dont il est le messager ; c'est sur la partie du corps la plus élevée que porte son présage ; il a enlevé un ornement de la tête d'un homme : il l'y a replacé par ordre d'un dieu ». Telles étaient les espérances et les idées qu'ils portaient en eux en entrant à Rome. Lucumon, d'accord avec sa femme, acheta une maison et déclara s'appeler Lucius Tarquin l'Ancien. On remarqua ce nouveau venu et sa richesse ; lui, de son côté, aidait la chance en se rendant

militaires, il était de moitié. Après l'avoir tant de fois mis à l'épreuve, le roi alla, enfin, jusqu'à le désigner par testament comme tuteur de ses enfants.

Mort d'Ancus. Tarquin l'Ancien se fait élire roi

XXXV. Ancus régna vingt-quatre ans et fut l'égal de tous les rois ses devanciers par son habileté et sa gloire tant politiques que militaires. Déjà ses fils arrivaient à l'âge d'homme : raison de plus pour Tarquin de hâter le plus possible les comices pour l'élection d'un roi. Aux approches de la date fixée, il éloigna les enfants par une partie de chasse. Il fut le premier, dit-on, qui fit acte de candidat au trône et qui prononça un discours pour gagner les suffrages de la plèbe : « Sa candidature », disait-il, « n'était pas sans précédents ; en effet, il n'était pas le premier, ce qui aurait pu sembler choquant ou extraordinaire, mais bien le troisième étranger prétendant au trône de Rome. Et même Tatius était plus qu'un étranger, c'était un ennemi, quand on l'avait fait roi ; Numa ne connaissait pas Rome, n'était pas candidat au trône, et on était allé le lui offrir. Tandis que lui, dès qu'il avait été son maître, il était venu se fixer à Rome avec sa femme et tous ses biens ; cette partie de sa vie, où l'on a des devoirs de citoyen à remplir, il l'avait passée à Rome bien plus que dans son ancienne patrie ; quant à la politique et à la guerre, un maître, qu'il ne craignait pas de nommer, le roi Ancus en personne, lui avait enseigné les lois romaines, les institutions religieuses de Rome. Envers le roi, sa soumission, sa déférence ne le cédaient en rien à celles de tout le peuple, ni sa bienveillance pour le peuple à celle du roi lui-même ». Et il ne mentait pas en parlant ainsi : aussi fut-il élu à une majorité imposante. A côté d'autres qualités de premier ordre, l'adresse du candidat se retrouva dans le roi. Il eut soin d'affermir son trône, tout en augmentant la puissance de l'État, par la nomination de cent nouveaux Pères, connus par la suite sous le nom de *Pères du second rang*, partisans inébranlables du roi, dont la faveur leur avait ouvert la curie.

Sa première guerre fut contre les Latins ; là il prit d'assaut la place d'Apioles, et comme cette guerre lui rapportait plus de butin qu'elle n'avait fait de bruit, il donna des jeux plus magnifiques et mieux organisés que ceux des rois précédents. C'est à cette date que remonte le choix d'un emplacement pour le cirque qu'on appelle aujourd'hui Grand Cirque. On assigna aux Pères et aux chevaliers des emplacements pour se faire construire des loges particulières qu'on appela *Fori*.

Ils assistaient au spectacle dans des loges supportées par un échafaudage de douze pieds de hauteur. On présenta des chevaux de course et des pugilistes, presque tous étrusques. Dès lors, chaque année revinrent ces jeux solennels qu'on appelle tantôt Jeux Romains, tantôt Grands Jeux. Ce même roi assigna également aux particuliers dans le pourtour du forum des terrains à bâtir. On y éleva des portiques et des boutiques.

Tite-Live,
Ab urbe condita

1. Lors de la révolution de Kypsélos contre l'aristocratie des Bacchiades.
2. Le nom est étrusque et désigne un chef suprême.
3. Formule anachronique. Dans les maisons de la noblesse romaine, au temps de la République, on gardait les « masques » de tous les ancêtres qui avaient géré des magistratures curules : le nombre de ces portraits mesurait l'illustration de la famille.
4. Un présage de grandeur tout à fait analogue est rapporté sur Octave-Auguste : mais l'aigle enlève le pain qu'il tenait à la main, puis le lui rend « doucement » (Suétone, *Auguste*, 94, 11).

Hérodote rapporte ici la thèse canonique de l'origine orientale — lydienne — des Étrusques. Denys d'Halicarnasse est le seul à soutenir — avec raison — qu'ils étaient autochtones.

Sous le règne d'Atys, fils de Manès [ce qui nous reporte au XIIIe siècle avant Jésus-Christ], une forte disette se serait produite dans toute la Lydie. Pendant un certain temps, les Lydiens persistèrent à mener leur vie ; puis, comme la disette ne cessait pas, ils cherchèrent des remèdes, et imaginèrent les uns une chose, les autres une autre. C'est alors qu'on aurait inventé le jeu de dés, le jeu d'osselets, le jeu de ballon, et les autres espèces de jeux, sauf le jeu de dames, dont les Lydiens ne s'attribuent pas l'invention. Et voici comment ils faisaient servir contre la faim ce qu'ils avaient inventé. De deux jours l'un, ils jouaient toute la journée, pour se distraire de chercher à manger ; le lendemain, ils cessaient de jouer, et mangeaient. Ils vécurent de la sorte pendant dix-huit années. Mais comme le mal, au lieu de faire relâche, devenait encore plus violent, alors le roi partagea l'ensemble des Lydiens en deux groupes, dont il tira au sort l'un pour rester, l'autre pour quitter le pays : il se mit lui-même à la tête du groupe désigné pour demeurer sur place, et à la tête du groupe qui partait il mit son fils, appelé Tyrrhénos. Ceux des Lydiens qui furent désignés par le sort pour quitter le pays descendirent à Smyrne, construisirent des vaisseaux, chargèrent sur ces vaisseaux tout ce qu'ils possédaient d'objets de valeur, et s'éloignèrent par mer, en quête d'un territoire et de moyens de vivre, si bien qu'enfin, après avoir côtoyé beaucoup de peuples, ils arrivèrent chez les Ombriens ; là, ils établirent des villes, qu'ils habitent jusqu'à maintenant. Mais ils changèrent leur nom de Lydiens contre un autre, tiré de celui du fils du roi qui les avait conduits ; prenant pour eux-mêmes son nom, ils s'appelèrent Tyrrhéniens.

Hérodote,
I, 94

Romantiques sépultures

En avril 1857, le savant français Adolphe Noël des Vergers assiste à la découverte de la tombe François de Vulci. Soixante-dix ans plus tard, en avril 1927, D. H. Lawrence visite différents sites dont Cerveteri avec son ami, le peintre américain Earl Brewster. Lawrence est enthousiasmé. Même le sanglant jeu du Phersu — cet homme masqué qui lance un molosse contre un homme dont la tête est encapuchonnée dans un sac — lui paraît « fair play » !

En parlant des origines de l'Etrurie, j'ai déjà dit quelques mots des peintures murales découvertes par M. Alessandro François et moi dans une crypte de la riche nécropole de Vulci. J'ai aussi décrit ailleurs l'impression que me fit éprouver le spectacle dont nous fûmes frappés lorsqu'au dernier coup de pic la pierre qui fermait l'entrée de la crypte céda, et que la lumière de nos torches vint éclairer des voûtes dont rien, depuis plus de vingt siècles, n'avait troublé l'obscurité ou le silence. Tout y était encore dans le même état qu'au jour où l'on en avait muré l'entrée, et l'antique Etrurie nous apparaissait comme aux temps de sa splendeur. Sur leurs couches funéraires, des guerriers, recouverts de leurs armures, semblaient se reposer des combats qu'ils avaient livrés aux Romains ou à nos ancêtres les Gaulois. Formes, vêtements, étoffes, couleurs, furent apparents pendant quelques minutes, puis tout s'évanouit à mesure que l'air extérieur pénétrait dans la crypte, où nos flambeaux vacillants menaçaient d'abord de s'éteindre. Ce fut une évocation du passé qui n'eut pas même la durée d'un songe et disparut comme pour nous punir de notre téméraire curiosité.

Pendant que ces frêles dépouilles tombaient en poussière au contact de l'air, l'atmosphère devenait plus transparente. Nous nous vîmes alors entourés d'une autre population guerrière due aux artistes de l'Etrurie. Des peintures murales ornaient la crypte dans tout son périmètre et semblaient s'animer aux reflets de nos torches. Bientôt elles attirèrent toute mon attention, car elles me semblaient la part la plus belle de notre découverte. Deux portes qui se faisaient face, la porte d'entrée et celle du fond, divisaient la salle funéraire en deux

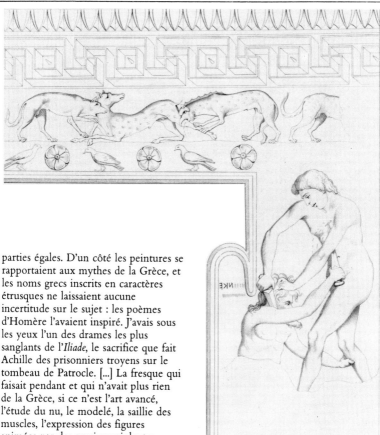

parties égales. D'un côté les peintures se
rapportaient aux mythes de la Grèce, et
les noms grecs inscrits en caractères
étrusques ne laissaient aucune
incertitude sur le sujet : les poèmes
d'Homère l'avaient inspiré. J'avais sous
les yeux l'un des drames les plus
sanglants de l'*Iliade*, le sacrifice que fait
Achille des prisonniers troyens sur le
tombeau de Patrocle. [...] La fresque qui
faisait pendant et qui n'avait plus rien
de la Grèce, si ce n'est l'art avancé,
l'étude du nu, le modelé, la saillie des
muscles, l'expression des figures
animées par des passions violentes,
l'habileté enfin avec laquelle étaient
rendus les effets de lumière, les ombres
et les demi-teintes. Quant au sujet, il
était évidemment national : la forme
tout étrusque des noms inscrits au-
dessus de chaque personnage le
démontrait suffisamment. J'avais cru
d'abord y reconnaître, à l'aspect
d'hommes sans armes égorgés par
d'autres hommes armés de glaives, l'un
des ces sacrifices sanguinaires que
l'Antiquité n'a que trop de raison de

reprocher à l'Etrurie et dans lesquels les
Lucumons immolaient aux puissances
infernales les prisonniers faits dans le
combat.

Adolphe Noël des Vergers,
*L'Étrurie et les Étrusques ou dix ans
de fouilles dans les maremmes toscanes*
Firmin-Didot, 1862-1864

« ... ils reposaient là sur le lit de rocher »

Il y a dans les nécropoles étrusques une étrange immobilité, une curieuse impression de repos, de paix, très différente de la magie des dolmens celtiques, de la morbide campagne romaine et de l'assez horrible sensation que donnent les pyramides du Mexique, Teotihuacan, Chocula, et Mitla dans le Sud. Très différente même de l'aimable idolâtrie bouddhique de Ceylan. Il y a une immobilité très douce dans ces énormes mottes herbeuses, ceinturées d'antiques pierres, et dans la grande allée centrale, s'attarde comme une sorte de bonheur familier.

Il est vrai que le soleil d'avril est calme et radieux, et les alouettes s'élèvent de l'herbe douce. Tout l'air est imprégné de paix, de calme, et l'on a l'impression de quelque chose de salutaire pour l'âme.

De même lorsque, descendant les quelques marches, nous pénétrons dans les chambres creusées dans le roc, à l'intérieur du tumulus. Il ne reste plus rien. C'est comme une maison vide, dont les habitants sont partis, et qui attend le prochain hôte. Mais quel que soit celui qui s'en est allé, il a laissé derrière lui une atmosphère plaisante, chaude au cœur, bonne aux entrailles. Elles sont étonnamment grandes et belles, ces demeures des morts. Creusées dans la roche vive, elles ressemblent à des maisons. Le plafond comporte une poutre. C'est une maison, un asile.

A l'entrée se trouvent deux petites pièces, à gauche et à droite : des antichambres. Là, dit-on, étaient déposées les cendres des esclaves dans des urnes alignées sur des bancs de pierre. Car l'on présume que les esclaves étaient toujours incinérés, tandis qu'ici, à Cerveteri, les maîtres étaient étendus de tout leur long, dans leur plus bel apparat, — soit dans de grands cercueils de terre cuite, soit dans des sarcophages de pierre. Mais souvent aussi ils reposaient là sur le large lit de rocher, non pas enfermés dans des sarcophages, mais calmement endormis comme durant leur vie.

La chambre centrale est vaste. Une énorme colonne carrée, creusée dans le roc, se trouve au milieu pour supporter le poids du toit, comme la charpente dans une maison. Tout autour de la pièce s'étend le large lit de rocher, sur lequel les morts étaient étendus, dans leurs cercueils, ou à découvert sur des litières sculptées de pierre ou de bois. Hommes resplendissant sous des armures d'or, femmes vêtues de robes blanches et pourpres avec de grands colliers autour du cou et des bagues à leurs doigts. Ici reposait la famille, les grands chefs et leurs épouses, les *lucumones*, avec leurs fils et leurs filles — tous dans une seule tombe. Plus loin se trouve une porte, assez étroite et haute, comme en Egypte. L'ensemble, du reste, fait penser à l'Egypte, mais ici tout est simple, uni, généralement sans décoration mais avec ces proportions aisées, dont la beauté frappe à peine tant elle est naturelle et comme physique. C'est la beauté jaillissante d'une conscience phallique qui s'oppose aux proportions plus étudiées ou extatiques de la conscience mentale et spirituelle à laquelle nous sommes habitués.

La porte intérieure conduit à la dernière chambre, petite, obscure, où l'émotion atteint son point culminant.

Face à la porte se trouve le lit de pierre où l'on étendait, sans doute, le Lucumo avec son trésor sacré : petit vaisseau de bronze qui devait le conduire vers l'autre monde, vases remplis de joyaux pour le parer, petits plats, statuettes, armes, armures. Tout l'extraordinaire *impedimenta* des morts importants. Parfois, aussi, c'est dans cette chambre intérieure que l'on étendait la femme, la grande dame dans

tous ses atours, et tenant un miroir à la main, avec ses bijoux, ses peignes, ses boîtes en argent remplies de cosmétiques, tout cela rangé autour d'elle dans des urnes ou des vases. Splendide était pour eux l'appareil de la mort.

Une des tombes les plus importantes est celle des Tarquins, la famille qui donna des rois étrusques à l'ancienne Rome.

On descend une volée de marches pour pénétrer dans l'asile souterrain des *Tarchne*, comme l'écrivaient les Etrusques. Au centre de la grande chambre il y a deux piliers creusés dans le roc. Les murs du grand living-room des Tarquins, si l'on peut l'appeler ainsi, sont faits de stuc, mais sans peinture. Seulement des inscriptions aux murs et dans les niches funèbres qui surmontent le grand lit de pierre. Ce sont de petites sentences, librement tracées en rouge ou en noir, ou inscrites dans le stuc avec l'ongle, et témoignant de la négligence et de la plénitude de vie des Etrusques. Nous lisons très facilement ces inscriptions débonnaires qui semblent tracées d'hier, à la chaux, en lettres étrusques archaïques. Mais nous ne sommes pas plus avancés après les avoir déchiffrées car nous n'en connaissons pas le sens. *Avle — Tarchnas — Larthal — Clan.* Les mots sont forts lisibles. Mais quel est leur sens ? personne ne le sait d'une manière précise. Noms ou relations de famille, titres des défunts — on peut le supposer. « Avle, fils de Larte Tarchan », disent les scientistes, contents d'en être arrivés là. Mais on ne peut pas déchiffrer une seule phrase. La langue étrusque demeure un mystère. Du temps de César, c'était pourtant la langue que parlait la masse du peuple de l'Italie centrale. Et beaucoup de Romains parlaient étrusque comme nous parlons français. Et maintenant la langue est entièrement perdue. La destinée est une drôle de chose.

La tombe appelée la Grotta Bella est intéressante à cause des bas-reliefs sculptés et des stucs qui ornent les piliers et les murs autour des niches et au-dessus de la couche mortuaire qui entoure la tombe. Les objets représentés sont en général des armes et des insignes guerriers : boucliers, casques, cuirasses, jambières, sabres, lances, souliers, ceinturons, tout l'attirail des preux. Puis la coupe sacrée, le sceptre, le chien, gardien de l'homme jusque dans la mort, les deux lions qui se tiennent aux portes de la vie et de la mort, le triton, et l'oie, cet oiseau qui nage sur les eaux et enfonce dans le déluge des Origines et de la Fin. Tout cela est représenté sur les murs. Et tout cela, les objets eux-mêmes, ou leurs symboles, étaient représentés dans cette tombe. De tout cela, rien ne demeure plus. Mais si l'on imagine l'énorme entassement de trésors que recelait chaque tombeau important, et que chaque tumulus couvrait plusieurs tombes, qui existent encore par centaines dans la nécropole de Cerveteri, et aussi de l'autre côté de la vieille cité, vers la mer, on peut se faire une idée des immenses richesses que la ville pouvait se permettre d'ensevelir avec ses morts, à une époque où Rome n'avait que bien peu d'or et où le bronze était précieux.

Elles sont si tranquilles et amicales, ces tombes creusées dans le roc souterrain. On n'éprouve nulle oppression en y descendant. Cela doit être dû en partie au charme particulier et naturel des proportions, et qui existe dans toutes les œuvres étrusques non altérées par les Romains. Il y a dans les moindres courbes de ces murs souterrains, une simplicité, un naturel tout spontané qui aussitôt rassure l'esprit. Les Grecs cherchaient à produire une émotion artistique, le Gothique à impressionner l'esprit. Mais non pas les Etrusques. Les choses qu'ils font en leurs siècles paisibles semblent aussi naturelles que le fait de respirer. Elles laissent une impression de liberté, de joie, de plénitude de la vie. Là est la véritable qualité étrusque : l'aise, le naturel, et une abondance de vie qui fait que l'esprit n'est contraint dans aucun sens.

La mort même, pour les Etrusques, n'était qu'un aimable prolongement de la vie, avec des bijoux, du vin, et des flûtes pour accompagner la danse. Ce n'était ni l'extase bienheureuse ni l'enfer de tourment. Ce n'était que la continuation naturelle d'une plénitude. Tout se passait en termes de vie — d'existence.

Et malgré cela, tout vestige étrusque, sauf les tombeaux, a été anéanti. Comme c'est étrange ! On ressort dans l'éclatement de ce soleil d'avril, on foule les routes profondes entre les douces tombes recouvertes d'herbe. Tout est immobile, paisible et riant.

D. H. Lawrence,
Promenades étrusques,
Gallimard, 1949

Un périscope archéologique

Les découvertes des tombes peintes se sont multipliées à Tarquinia entre 1820 et 1892. Cette année-là, on met au jour la tombe des Taureaux qui, avec « un po' di pornografico » — selon le mot du guide de Lawrence —, devient rapidement célèbre. Mais il faut attendre 1958 pour que de nouvelles fresques funéraires soient découvertes grâce aux méthodes de prospection décrites ici par Raymond Bloch.

Tombeau de Tarquinia

C'est surtout à Cerveteri et Tarquinia que les découvertes de tombes nouvelles ont été les plus nombreuses et les plus spectaculaires grâce à l'application de moyens nouveaux de prospection. Il faut dire un mot de ces techniques d'élaboration récente auxquelles il a été fait plusieurs fois allusion dans des revues françaises et étrangères. Depuis déjà quelques décennies, la photographie aérienne est, elle, largement utilisée par les archéologues auxquels elle rend les plus signalés services. En ce qui concerne la Toscane, les tombes étrusques étaient souvent, à l'origine, recouvertes, à la surface du sol, par des tertres artificiels, des *tumuli*, construits grâce aux déblais de fossés, creusés dans le roc ou le tuf. Agents atmosphériques et travail humain ont arasé ces constructions antiques mais, au cours de ce nivellement progressif, les matériaux constitutifs des *tumuli* sont demeurés sur place et laissent, sur la photographie aérienne, des taches blanchâtres, signes tangibles des constructions disparues.

Ces indications sont infiniment précieuses mais ces taches sont assez grandes et de nouvelles techniques aident aujourd'hui à préciser mieux encore le lieu exact des sépultures, ainsi repérées. C'est à un ingénieur milanais, M. C. M. Lerici, que l'on doit l'application de méthodes électriques de détection à la recherche archéologique. On trouvera la description de ces méthodes dans les nombreux opuscules, publiés par l'Institut polytechnique qu'il a fondé à Milan, ainsi dans son livre intitulé *Prospezioni archeologiche a Tarquinia. La necropoli delle tombe dipinte*

(Milan, 1959). Le principe en est simple. La terre est conductrice d'électricité mais sa conductivité est modifiée par la présence, en elle, de terrassements, de murs, de tombes. Cela est décelé aisément par des appareils dits potentiomètres et les irrégularités dans les graphiques que les potentiomètres permettent d'établir pour un secteur donné situent exactement sur le terrain les points où sont enfouies les tombes recherchées.

Devant le nombre extraordinairement élevé de ses découvertes, M. C. M. Lerici a imaginé un procédé ingénieux pour prendre une vision d'ensemble de l'intérieur des sépultures localisées, avant même d'en commencer la fouille. Car il était important de savoir dès l'abord si elles avaient été visitées et vidées de leur contenu par les fouilleurs clandestins des siècles passés ou si, au contraire, elles contenaient encore tout ou partie de leur précieux matériel d'offrandes. Comme les tombes étrusques se présentent sous la forme de chambres, M. C. M. Lerici eut l'idée d'y introduire, avant la fouille, un périscope appelé périscope Nistri. Pour cela, une sonde perforeuse ouvre, au centre de l'emplacement de la tombe, un trou, d'une dizaine de centimètres de diamètre, qui perce le sol et le plafond de la chambre souterraine. Le périscope est introduit dans la cavité et permet de voir, de l'extérieur, l'intérieur de la sépulture. On peut aussi photographier celle-ci en y introduisant un cylindre métallique, à l'extrémité duquel est logé un appareil photographique de petit format, muni d'un flash et commandé de l'extérieur. Par une rotation régulière du cylindre, toutes les parois de l'hypogée peuvent être

Vue de Tarquinia au début du siècle

photographiées en une dizaine de vues. Les clichés aussitôt développés donnent à l'archéologue toutes les indications qu'il peut désirer.

Grâce à l'application systématique de telles techniques, plusieurs milliers de tombes nouvelles ont pu être identifiées, photographiées, parfois fouillées à Cerveteri et Tarquinia. 98 % d'entre elles avaient déjà été visitées, 60 % se trouvaient vidées de tout leur contenu. Et néanmoins le matériel découvert au cours de ces recherches s'est révélé considérable et, parfois, d'une rare importance. Alors que, depuis plus de soixante ans, on n'avait plus trouvé de tombes peintes en Étrurie, plus d'une vingtaine de tombes à fresques sont apparues à Tarquinia et certaines des nouvelles peintures murales sont d'un haut intérêt.

Raymond Bloch,
Le Mystère étrusque,
Le Club français du livre, 1968

La tombe des Olympiades

En mars 1958, une des premières tombes mises au jour par la fondation Lerici laissa apercevoir des fresques, où l'on pouvait distinguer compétitions hippiques et épreuves athlétiques ; deux ans plus tard, les jeux Olympiques devaient se tenir à Rome, et cela parut un présage des plus heureux. Ces fresques furent montrées aussitôt au grand public, à la RAI comme sur des réseaux de télévision américains... alors même que la tombe n'était pas encore ouverte.

Les deux parois principales de cette petite tombe, datant des années 530-520 avant notre ère, représentent donc pour l'essentiel des compétitions sportives. On peut voir d'un côté trois coureurs à pied en train de sprinter vers le poteau d'arrivée, puis, tournés dans l'autre sens, un discobole tenant un énorme disque dans la main droite et un sauteur en longueur, en grande partie effacé : il est aisé de reconnaître là trois des épreuves qui formaient, avec le lancer du javelot et la lutte, le pentathlon grec (mais ces athlètes étrusques ne sont pas complètement nus, « à la grecque » : ils portent une ceinture sportive, un « suspensoir »). Sur la paroi opposée, un combat de boxe et surtout une course de biges (chars attelés à deux chevaux) très animée. Cependant que le premier aurige se

retourne pour constater où en sont ses poursuivants, le quatrième cocher est projeté dans les airs : il subit ce que les Latins appelaient de façon imagée un « naufrage ». On croirait voir cette fois l'illustration du passage de Tite-Live (1, 35) dans lequel l'historien romain indiquait que le roi Tarquin l'Ancien avait fait venir à Rome, d'Etrurie, des boxeurs et des chevaux *(pugiles* et *equi)*. Et surtout, ces auriges étrusques sont très différents de leurs collègues grecs : par leur équipement (la tunique courte, par exemple), par leur technique (les rênes nouées autour de la taille...), ils sont en tout point les ancêtres des auriges romains qui susciteront tant d'engouement au Grand Cirque de Rome *(panem et circenses)*. Enfin, à côté de ces chars, une scène malheureusement très effacée mais que nous connaissons bien par ailleurs (dans la tombe des Augures, à Tarquinia toujours), c'est la scène du *phersu*, (le masque, à l'origine de notre mot personne) : un homme masqué lance un molosse contre une victime à la tête encapuchonnée, qui essaie vainement de se défendre avec une massue. En commentant cette exécution théâtrale, on a parfois évoqué, à tort, l'origine des combats de gladiateurs : ceux-ci en fait sont venus à Rome de Campanie, où ils sont représentés depuis le IVe siècle avant notre ère.

Jean-Paul Thuillier

Aperçus sur la langue étrusque

Les trois inscriptions, assez simples, que nous présentons ici, avec leur traduction (ou leur interprétation), montreront que la langue étrusque n'est pas cette « terra incognita » que l'on imagine encore souvent.

On rappellera préalablement les trois points suivants :

1° L'étrusque est écrit pour l'essentiel (cf. cependant l'inscription C) dans un alphabet grec (dit « occidental » et emprunté à Cumes, colonie grecque de Campanie). Il se lit donc facilement (les inscriptions seront de surcroît transcrites ici en caractères latins).

2° Ces inscriptions se lisent de droite à gauche (il arrive — mais rarement — que certains textes soient écrits de gauche à droite, comme en français).

3° L'alphabet étrusque n'utilise pas le *o* (mais seulement le *u*), ni les consonnes sonores *b*, *d* et *g* : dans ces conditions, le *p* étrusque, par exemple, correspond parfois au *b* latin (cf. les inscriptions A et C).

Inscriptions

A Gravée sur le pied d'une coupe de bucchero découverte au sanctuaire de Portonaccio, à Véies (milieu du VIᵉ siècle avant notre ère, musée de la Villa Giulia à Rome).

Transcription : MINE MULUV(AN)ECE AVILE VIPIIENNAS.

Traduction : « m'a offert Avile Vipiiennas », « c'est Avile Vipiiennas qui m'a consacré [à la divinité] ».

On reconnaît ici le prénom AVILE et le nom VIPIIENNAS d'un personnage qui n'est autre que Aulus Vibenna : ce compagnon de Maxtarna/Servius Tullius est attesté par différentes sources littéraires ou épigraphiques, et il est aussi représenté sur les fresques de la tombe François à Vulci. Si on ne peut exclure totalement un cas

A

d'homonymie, il est cependant plus que probable que l'historicité du personnage soit ainsi confirmée. Vipiiennas est une forme archaïque pour Vipina, Vipena (= donc le latin Viben(n)a). MINE MULUV(AN)ECE est une formule de dédicace très fréquente, et très simple, correspondant au latin *me dedicavit*.

prénom d'un personnage (LA-RTH), dont on nous donne aussi le patronyme (le prénom LETHE de son père correspond sans doute à une origine servile). La formule suivante SVALCE AVIL est très fréquente dans les épitaphes (on trouve souvent LUPU à la place de SVALCE : c'est l'équivalent du latin *vixit*). Si le sens des deux verbes

B

B   Peinte sur la paroi d'une tombe de la nécropole de Villa Tarantola à Tarquinia (IIe siècle, musée de Tarquinia) (la peinture a été déposée).

Transcription : FELSNAS:LA:LETHES-SVALCE:AVIL:CVI MURCE:CAPUE TLECHE:HANIPALUSCLE.

Traduction : « Larth Felsnas, fils de Lethe, a vécu 106 ans... Capoue... Hannibal... ».

On identifie facilement le nom (FELSNAS : noter le signe 8, qui a pour valeur phonétique [f], et dont l'origine est inconnue — ce n'est pas en tout cas un caractère de l'alphabet grec —, et le

MURCE (actif) et TLECHE (passif) nous échappe, il est aisé en revanche de reconnaître le nom de Capoue et celui d'Hannibal (*p* étrusque = *b* latin). L'étrusque Felsnas servit-il comme mercenaire dans l'armée d'Hannibal, qui fut comme on sait victime des « délices de Capoue » en 216 avant notre ère ? En fait, il est probable qu'il lutta contre ce même Hannibal au sein d'une cohorte de Pérouse.

C Gravée sous le pied d'une coupe (kylix) attique à figures rouges du peintre Oltos, trouvée à Tarquinia (fin du VIᵉ siècle, musée de Tarquinia).

Transcription : ITUN TURUCE VENEL ATELINAS TINAS CLINIIARAS.

Traduction : « cet objet, c'est Venel Atelinas qui l'a offert aux Dioscures ».

TURUCE est un verbe au parfait qui est pratiquement synonyme de MULUVANECE (idée d'offrande, de dédicace : on remarque la désinence identique en -CE). Ce sont les deux derniers mots qui sont ici très intéressants : on reconnaît en effet le mot TIN(IA) qui désigne en étrusque le dieu équivalent de Zeus ou Jupiter et le mot CLAN (ou CLIN) qui veut dire « fils ». Ce sont donc ici les fils de Zeus, en grec les *Dioskouroi*... les Dioscures. Il va de soi que ces inscriptions sont précieuses pour la connaissance non seulement de la langue mais aussi de la religion étrusque.

Le premier mot ITUN est un démonstratif. VENEL est un prénom et ATELINAS, un nom de famille (on retrouve le suffixe -NA présent dans la plupart de ces « gentilices » : Spurinna, Vibenna, Maxtarna, Maecena-s...).

Jean-Paul Thuillier

Les faux étrusques

Les faux guerriers étrusques en terre cuite de New York ont longtemps défrayé la chronique. Achetés à l'état de fragments par le Metropolitan Museum entre 1915 et 1921, ils furent restaurés et exposés au public en 1933 : on les considérait alors comme des chefs-d'œuvre de la statuaire étrusque. C'est seulement en 1961 que l'inauthenticité fut officiellement reconnue par les autorités américaines. Ils avaient été fabriqués en 1914 dans un petit atelier d'Orvieto.

Alfredo Fioravanti, le faussaire

Dans les *Papers* du Metropolitan Museum de New York (n° 6), l'excellente directrice du département Antiquité classique, Mme Gisela M. Richter, publie la reproduction de deux grandes statues et d'une tête, faites de terre cuite peinte, représentant des guerriers et reconstituées à partir de plusieurs fragments, de provenance italienne incertaine et de fabrication étrusque plus incertaine encore. Nous n'entrerions pas au fond du problème scientifique soulevé par ces œuvres si un débordant concert d'enthousiasme anglo-saxon n'avait largement popularisé la « découverte » dans des journaux et revues américains et anglais, jusqu'à nous en faire parvenir l'écho, comme nous le signalons dans le dernier numéro de *l'Urbe* (édition de novembre).

Un simple coup d'œil sur les photographies rend à notre avis superflue toute discussion technique et stylistique à propos des statues de terre cuite de New York. Et ce n'est pas sans étonnement que nous lisons l'argumentation de Mme Richter, pourtant célèbre et remarquable spécialiste de l'art antique et auteur avisé d'ouvrages sur l'ancien et le faux en matière d'archéologie. Mais la statue la plus volumineuse souffre d'une absence totale de « caractère » : le schéma qui en régit l'ordonnance est, d'un point de vue stylistique, un « raté » total. Ce qui apparaît encore plus clairement lorsqu'on la compare au bronze de Dodone, qui de toute évidence en est le prototype : la monstruosité de la tête, simplement agrandie d'un *balsamaire* corinthien en forme de petite tête casquée, genre plastique bien connu, est flagrante ; la ligne oblique dessinée par le bord inférieur de la cuirasse qui se détache de la taille est une chose invraisemblable dans l'art archaïque ; le hideux ornement à motifs de palmettes dessiné sur la cuirrasse et même sur les jambières contraste totalement avec le schéma archaïque ou pseudo-archaïque de l'ensemble de la statue ; enfin, aucun élément stylistique ne rappelle l'art étrusque des vi^e et ve siècles av. J.-C. S'il était possible d'admettre qu'un artiste néo-classique de la fin de la république ait pu travailler en terre cuite peinte et imiter la technique d'une statue archaïque, on pourrait peut-être se permettre d'attribuer notre statue à son atelier ; mais, même dans ce cas, il s'agirait d'un faux, tout antique qu'il fût. L'autre statue a incontestablement sur le visage plus de caractère que la première ; mais la disposition allongée du corps fait référence aux petits bronzes filiformes de la période étrusco-italique archaïque. Pour une statue de terre cuite d'une hauteur de deux mètres, l'adoption de la technique des petits bronzes est totalement étrangère à tout ce qui pouvait se pratiquer dans l'art antique. Nous sommes donc en présence de faux, miracle de technique et de décoration, semble-t-il, mais pas pour autant de sensibilité stylistique et de vraisemblance historique : et nous sommes douloureusement surpris que l'on ait pu reconnaître en eux des chefs-d'œuvre supérieurs même à l'Apollon de Véies, orgueil des collections étrusques du Musée national de Villa Giulia.

Massimo Pallottino,
in *Roma, Rivista di studi
e di vita romana*, 1937
Traduit par Nicole Thirion

Le grand guerrier,
un faux de 360 kilos

Année	Chronologie de la civilisation étrusque
XIIIe s.	Arrivée légendaire des Lydiens en Étrurie, sous la conduite de Tyrrhénos
IXe-VIIIe s.	Civilisation villanovienne
VIIe s.	Civilisation orientalisante
616-578	Règne de Tarquin l'Ancien à Rome
578-534	Règne de Servius Tullius/Maxtarna à Rome
v. 535	Bataille d'Alalia (victoire des Caerites et des Carthaginois sur les Phocéens)
534-509	Règne de Tarquin le Superbe à Rome
509-506	Expulsion des Tarquins de Rome. Guerre entre Porsenna, roi de Chiusi (qui s'empare de l'*Urbs*), et Rome. Victoire d'Aristodème de Cumes sur Porsenna à Aricie
477	Guerre entre Rome et Véies : les Fabii sont décimés au Crémère
474	Défaite navale des Étrusques à Cumes, sous les coups de la flotte syracusaine : offrandes de Hiéron Ier à Olympie
428	Nouvelle guerre entre Rome et Véies, dont le roi, Lars Tolumnius, est tué
415-413	Des navires étrusques participent à l'expédition athénienne contre Syracuse
396	Fin du siège de Véies, prise par les troupes romaines de Camille
384	Saccage de Pyrgi par Denys de Syracuse
357-354	Rome attaque les Étrusques et les Falisques : siège de Sutri
351	Trève de quarante ans entre Rome et Tarquinia
310	Guerre de Rome contre les Étrusques alliés aux Samnites
308	Soumission de Tarquinia : trève de quarante ans
302	Victoire romaine sur les Étrusques de Roselle
295	Victoire des Romains sur les Gaulois et les Étrusques à Sentinum
284	Révolte d'Arezzo
280	Conquête de Vulci par les Romains. Triomphe de Ti. Coruncanius de *Vulsiniensibus* et *Vulcientibus*
273	Fondation de la colonie latine de Cosa sur le territoire de Vulci
265-264	Conquête et destruction de Volsinies par les Romains. Transfert de la population à Bolsena
241	Destruction de Faléries. Transfert de la population
205	Contribution des villes étrusques à l'expédition de Scipion à Carthage lors de la seconde guerre punique
196	Révolte d'esclaves en Étrurie
186	Répression du culte de Bacchus
183	Fondation de la colonie romaine de Saturnia
181	Fondation de la colonie romaine de Graviscae
90-88	Guerre sociale : l'Étrurie reçoit le droit de cité romaine
82	Sylla confisque une partie du territoire de Chiusi, Arezzo, Fiésole et Volterra pour y installer ses vétérans comme colons
42	Pérouse, occupée par les partisans de Marc-Antoine, est assiégée et détruite par Octave

BIBLIOGRAPHIE

Ouvrages généraux :

Bloch R., *L'Art et la Civilisation étrusques*, Plon, Paris, 1955.

Bloch R., *Le Mystère étrusque*, Club Français du Livre, Paris, 1968.

Coarelli F., *Les Cités étrusques*, Paris-Bruxelles, 1975.

Cristofani M., *Etruschi : Cultura e società*, Novare, 1978.

Cristofani M. (sous la direction de), *Dizionario della civiltà etrusca*, Florence, 1985.

Cristofani M., *Les Étrusques*, Nathan, Paris, 1986.

Heurgon J., *La Vie quotidienne chez les Étrusques*, Hachette, Paris, 1961.

Heurgon J., *Rome et la Méditerranée occidentale jusqu'aux guerres puniques*, PUF, Paris, 1969.

Hus A., *Les Siècles d'or de l'histoire étrusque*, Bruxelles, 1976.

Hus A., *Les Étrusques et leur destin*, Picard, Paris, 1980.

Pallottino M., *Etruscologia*, Milan, 1968.

Pallottino M. (et autres auteurs), *Rasenna — Storia e civiltà degli Etruschi*, Milan, 1986.

Jannot J.-R., *A la rencontre des Étrusques*, Ouest-France, Rennes, 1987.

Torelli M., *Storia degli Etruschi*, Bari, 1981.

Torelli M., *L'Arte degli Etruschi*, Bari, 1985.

Catalogues d'expositions :

On ne citera ici que les catalogues des expositions qui ont été organisées en 1985, dans diverses villes de l'Italie centrale (lors de l'« Année étrusque »). Tous ces ouvrages ont été publiés à Milan en 1985.

Artigianato artistico in Etruria (Chiusi-Volterra)

Case e Palazzi d'Etruria (Sienne)

Civiltà degli Etruschi (Florence)

L'Etruria mineraria (Portoferraio, Populonia, Massa Marittima).

Santuari d'Etruria (Arezzo)

Scrivere etrusco (Pérouse)

La Fortuna degli Etruschi (Florence)

L'Accademia Etrusca (Cortone)

Quelques ouvrages récents plus spécialisés (sur l'économie, l'art, la religion, la langue...) :

Bianchi-Bandinelli R., Giuliano A., *Les Étrusques et l'Italie avant Rome*, Gallimard, Paris, 1973.

Briquel D., *Les Pélasges en Italie — Recherches sur l'histoire de la légende*, Rome, 1984.

Cristofani M., *I Bronzi degli Etruschi*, Novare, 1985.

Cristofani M., Martelli M., *L'Or des Étrusques*, Atlas, Paris, 1987.

Gras M., *Trafics tyrrhéniens archaïques*, Rome, 1985.

Jannot J.-R., *Les Reliefs archaïques de Chiusi*, Rome, 1984.

Martelli M., *La Ceramica degli Etruschi — La Pittura vascolare*, Novare, 1987.

Massa-Pairault F.-H., *L'Art et l'Artisanat étrusco-italiques à l'époque hellénistique*, Rome, 1985.

Pallottino M., *Testimonia linguae etruscae*, Florence, 1968.

Pfiffig A.-J., *Religio Etrusca*, Graz, 1975.

Steingräber S. éd., *Catalogo ragionato della pittura etrusca*, Milan, 1984.

Thuillier J.-P., *Les Jeux athlétiques dans la civilisation étrusque*, Rome, 1985.

MUSÉOGRAPHIE

Les trois grands musées d'« étruscologie » sont situés au Vatican (**musée grégorien** : mobilier de la tombe Regolini-Galassi de Caeré, Mars de Todi), à Rome (**musée de la Villa Giulia** : l'Apollon de Véies, le mobilier des tombes de Préneste...) et à Florence (**musée archéologique national** : la chimère d'Arezzo, l'Arringatore, le vase François...).

Mais on ne saurait négliger les autres musées italiens (cités ici dans l'ordre alphabétique) de :
Bologne (Museo civico : stèles funéraires en forme de fer à cheval) ; **Chiusi** (vases canopes, reliefs

archaïques) ; **Cortone** (musée de l'Accademia Etrusca : le lampadaire de bronze) ; **Grosseto** (le matériel de Roselle) ; **Marzabotto** (un petit musée, mais qui donne une bonne idée de la vie quotidienne sur le site) ; **Orvieto** (musée Claudio Faina : statue de la Cannicella, terres cuites de différents temples) ; **Pérouse** (cippe inscrit, bronzes...) ; **Tarquinia** (sarcophages, vases grecs, fresques funéraires déposées et restaurées) ; **Volterra** (musée Guarnacci : les urnes d'albâtre).

En dehors de l'Italie, tous les grands musées d'Europe et d'Amérique du Nord possèdent des collections étrusques, et l'on peut citer Berlin, Copenhague, Leningrad, Londres, Munich, New York. A Paris, le **musée du Louvre** a hérité d'une partie de la très riche collection Campana : les salles étrusques ont été réaménagées récemment et certains objets ont été restaurés (ainsi le magnifique sarcophage aux époux de Caeré) ; il faut aussi faire un sort aux plaques de terre cuite peintes, dites Campana. Si l'on est dans l'impossibilité de faire un voyage en Toscane et à Rome, la visite de ces salles du Louvre permet d'avoir un assez bon aperçu de la civilisation étrusque.

Les autres, plus heureux, pourront utiliser, au cours de leur voyage en Italie centrale, l'excellent guide de M. Torelli, *Etruria*, guide Laterza, Bari, 1980, ou, en français, le livre de J.-R. Jannot, *A la rencontre des Étrusques*, qui comporte un appendice « Itinéraires, sites, musées » pittoresque et bien documenté.

TABLE DES ILLUSTRATIONS

75h Nécropole de Cerveteri, place Maroi.

75b Nécropole de Cerveteri, détail de la place Maroi.

76 Intérieur de la tombe Regolini-Galassi, Cerveteri, fin du VIIᵉ s. av. J.-C.

77h Dromos de la tombe de la Montagnola, nécropole de Quinto Fiorentino, VIIᵉ-VIᵉ s. av. J.-C.

77b Vue intérieure de la tombe de la Mula, nécropole de Quinto Fiorentino, VIIᵉ s. av. J.-C.

78-79 Vue intérieure de la tombe de l'Alcôve, pilastres, nécropole de la Banditaccia, Cerveteri, IVᵉ s. av. J.-C.

80-81 Hommage à la porte des Enfers, fresque de la tombe des Augures, Tarquinia, VIᵉ-Vᵉ s. av. J.-C.

81h Organisateur des jeux, fresque de la tombe des Augures, Tarquinia. VIᵉ-Vᵉ s. av. J.-C.

82h La nef du patriarche, in *Muséum étrusque de Lucien Bonaparte, prince de Canino* de Viterbe, 1829. Bibl. nat., Paris.

82-83 Embarcations grecques et étrusques, aquarelle, 1885. Musée naval, Madrid.

84h Apollon de Véies, VIᵉ s. av. J.-C. Musée de la Villa Giulia, Rome.

84b Zeus, bronze. Musée de l'Académie étrusque, Cortone.

85 Apollon de Véies, VIᵉ s. av. J.-C. Musée de la Villa Giulia, Rome.

86 Tombe de la chasse et de la pêche, fresque, Tarquinia, 520-490 av. J.-C.

87 Joueur de flûte, fresque de la tombe des Léopards, Tarquinia, 490 av. J.-C.

88h Amphore avec scène de boxe, tombe du guerrier, Vulci, VIᵉ s. av. J.-C. Musée de la Villa Giulia, Rome.

88b Tombeaux étrusques, gravure, XIXᵉ s.

89 Scène érotique, fresque, tombe des Taureaux, Tarquinia.

90 Sarcophage de Larthia Scianti, détail, terre cuite polychrome, provenant de Chiusi. Musée archéologique, Florence.

91h Antéfixe à tête féminine, VIᵉ s. av. J.-C. Musée du Louvre, Paris.

91b Gravure, in *Museum cortonense*, 1750, Rome. Bibl. nat., Paris.

CHAPITRE IV

92 Sarcophage des Amazones (détail), fin IVᵉ s. av. J.-C. Musée archéologique, Florence.

93 Sarcophage de l'Obèse, IIᵉ s. av. J.-C. Musée archéologique, Florence.

94-95 Le port de Carthage au début du siècle, photo.

95h Protome de cheval, revers de monnaie en argent, art punique, IVᵉ s. av. J.-C. Musée archéologique national, Palerme.

96 Casque en bronze dédié à Olympie par

Hiéron de Syracuse après sa victoire sur les Étrusques, 474 av. J.-C. British Museum, Londres.

97 Guerriers samnites en marche, fresque, Paestum, IVᵉ s. av. J.-C.

98h Casque en bronze, Todi. Musée de la Villa Giulia, Rome.

98b Guerrier, bronze, Populonia. Musée archéologique, Florence.

99h Armure de bronze. Musée grégorien étrusque, Cité du Vatican.

99b Fibule en bronze gravé, tombe Benacci. Musée civique, Bologne.

100 Antéfixe à tête de ménade, provenant de Véies, Vᵉ s. av. J.-C. Musée de la Villa Giulia, Rome.

101 Virgile et deux muses, mosaïque, IIIᵉ s. Musée du Bardo, Tunis.

102-103 Combats légendaires entre Étrusques et Romains, fresque, IVᵉ s. av. J.-C., villa Albani. Coll. Torlonia, Rome.

104 Ciste, détail du couvercle, bronze. Musée de la Villa Giulia, Rome.

105h Tête de guerrier portant un casque de type attique, céramique peinte, VIᵉ s. av. J.-C. Musée de la Villa Giulia, Rome.

105b Guerrier étrusque, gravure, in *Museum cortonense*, 1750. Bibl. nat., Paris.

CHAPITRE V

106 Danseuse, fresque de la tombe des

Lionnes, Tarquinia, 550-520 av. J.-C.

107 Dés étrusques en ivoire, trouvés dans les environs de Vulci. Bibl. nat., cabinet des médailles, Paris.

108h Le pont Sodo, à Véies.

108m Groupe votif en bronze, provenant d'Arezzo, IVᵉ s. av. J.-C. Musée de la Villa Giulia, Rome.

108b Amphore à vin, provenant de Montalto di Castro, VIᵉ s. av. J.-C. *Idem.*

109h Fouilles de Marzabotto, vue aérienne.

109b Plan d'une maison de Marzabotto, «région IV». Mansue, 1963.

110h Urne en calcaire en forme de maison, provenant de Chiusi. Musée archéologique, Florence.

110b Plan d'un édifice de Murlo, VIIᵉ s av. J.-C.

111h Dignitaires, plaque en terre cuite, décor architectonique provenant de Murlo, début du VIᵉ s. av. J.-C. Musée du Palais communal, Sienne.

111bg Préparation d'un banquet, détail de la fresque de la tombe Golini II, Orvieto, IVᵉ s. av. J.-C.

111bd Cuillers en os, provenant de la tombe Montetosti à Cerveteri, Vᵉ s. av. J.-C. Musée de la Villa Giulia, Rome.

112h Scène de banquet, détail de la fresque de la tombe des Léopards, nécropole de Monterozzi, Tarquinia, VIᵉ-Vᵉ s. av. J.-C.

INDEX

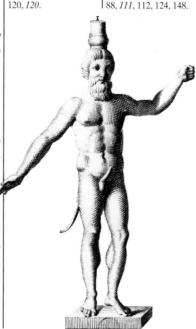

CRÉDITS PHOTOGRAPHIQUES

Agence photographique Luisa Ricciarini, Milan 44. Archiv für Kunst und Geschichte, Berlin 63, 87, 123, 145. Artephot, Paris 88h. Artephot/D.A.F. 109h. Artephot/Faillet, Paris 81h, 112h, 114h, 114bg. Artephot/Held 111bg, 115h, 120b. Artephot/Mandel 118b, Artephot/Nimatallah 108b, 111h, 112b, 113h, 113b, 114bd, 116h, 116b, 120h. Artephot/Percheron 117. Bibliothèque Doucet, Paris, photo Pierre Pitrou 42b, 45. Bibliothèque nationale, Paris 10, 11, 20, 21, 24h, 25, 28, 29, 34, 35, 50, 52, 53, 64, 65, 67, 68, 70, 76, 77, 80, 81, 82h, 91b, 105b, 107, 125, 126, 134, 135, 140, 147, 150-151, 158. British Museum, Londres 36-37, 38-39, 60-61, 137. Jean-Loup Charmet, Paris 9, 22-23. Credito italiano (Editions Scheiwiller, Milan), N.S.A. 1978 109b. Credito italiano (Editions Scheiwiller, Milan), Phillips (Siena 1985) 110b. Dagli-Orti, Paris Dos, 4ᵉ plat, 17, 42h, 54, 55h, 74, 75, 76, 78-79, 82-83b, 86, 90, 105h, 106, 111bd, 116-117, 118h, 119h, 119m, 124b. Droits réservés 108h, 148. Franco Maria Ricci éditeur, Milan 40, 48, 55b. Galerie des Cartes géographiques, Cité du Vatican 12-13. Giraudon, Paris 24b, 72h, 91h, 92, 101, 122, 141. Icona, Luciano Casadei, Rome 47. Institut allemand d'archéologie, Rome 1ᵉʳ plat, 1, 2, 3, 4, 5, 6, 7, 9, 142, 143, 146. Musée des Beaux-Arts de Rouen 94-95. Pascuale de Antonis, Rome. 108m. Réunion des Musées nationaux, Paris 33, 41, 90, 128. Roger-Viollet, Paris 66, 69, 88b, 94-95, 96, 129, 130, 139, 149. Scala, Florence 14, 15, 16, 18, 19, 26, 27, 30, 31, 32, 40b, 43, 46, 49, 56, 57, 58, 59b, 62h, 71, 72b, 77h, 77b, 78-79, 80-81, 84, 85, 89, 93, 98, 99h, 100, 104, 110h, 115b, 121, 124h, 127, 131, 133, 144. Univers des Formes 59h, 62b, 73, 95, 97, 102-103. Victoria & Albert Museum, Londres 136.

COLLABORATEURS EXTÉRIEURS

La maquette de cet ouvrage a été réalisée par Guylaine Moi. Béatrice Fontanel a assuré la coordination et la recherche iconographique.